좌충우돌
창업경영
오픈소스

좌충우돌 창업경영 오픈소스

발행일	2020년 3월 27일

지은이	이철우		
펴낸이	손형국		
펴낸곳	(주)북랩		
편집인	선일영	편집	강대건, 최예은, 최승헌, 김경무, 이예지
디자인	이현수, 한수희, 김민하, 김윤주, 허지혜	제작	박기성, 황동현, 구성우, 장홍석
마케팅	김회란, 박진관, 조하라, 장은별		
출판등록	2004. 12. 1(제2012-000051호)		
주소	서울특별시 금천구 가산디지털 1로 168, 우림라이온스밸리 B동 B113~114호, C동 B101호		
홈페이지	www.book.co.kr		
전화번호	(02)2026-5777	팩스	(02)2026-5747

ISBN	979-11-6539-128-7 03320 (종이책)	979-11-6539-129-4 05320 (전자책)

이 도서의 국립중앙도서관 출판예정도서목록(CIP)은 서지정보유통지원시스템 홈페이지(http://seoji.nl.go.kr)와
국가자료공동목록시스템(http://www.nl.go.kr/kolisnet)에서 이용하실 수 있습니다.
(CIP제어번호: CIP2020012178)

(주)북랩 성공출판의 파트너

북랩 홈페이지와 패밀리 사이트에서 다양한 출판 솔루션을 만나 보세요!

홈페이지 book.co.kr • **블로그** blog.naver.com/essaybook • **출판문의** book@book.co.kr

풍부한 경험과 노하우로 창업의 성공 가능성을 높이는
베테랑 창업 컨설턴트의 원 포인트 레슨

좌충우돌
창업경영
오픈소스

이철우 지음

**창업 아이템 발굴에서 실패 시 회생 전략까지
창업경영의 모든 것을 한 권에 담았다!**

『좌충우돌 스타트업 창업 멘토링』의 저자 이철우 씨가
9가지 사례를 통해 알려 주는 탁월한 창업경영 전략

북랩 **book** Lab

Prologue

   창업자가 새로운 사업을 시작하는 경우 여러 분야에서 낯설 때가 많습니다. 그리고 창업자는 직원 채용 등 창업 팀 구성이 완성되기 전에는 외로운 투쟁을 혼자서 하는 경우가 흔합니다. 이러한 창업자를 지원하기 위해서 중앙정부 및 지방자치단체는 많은 지원과 노력을 기울이고 있습니다. 창업자들에 대한 멘토링 또는 컨설팅을 진행하면서 축적한 지식과 경험을 이 책에 담았습니다. 책의 내용이 다소 일반적일 수 있으나, 창업에 대한 관여도가 높은 초기 창업자들에게는 적합한 착안점을 떠올리게 할 것입니다. 실제로 수행한 컨설팅을 통해 얻은 지식과 경험을 오픈하여 함께 나누고자 합니다.

책의 내용은 창업의 발굴로부터 시작합니다. 창업자들은 자신만의 창업 아이템을 가지고 있습니다. 그러나 창업 아이템의 사업성 여부는 쉽게 판단할 수 없습니다. 사업성의 여부와 관계없이, 그들의 창업에 대한 노력은 그 자체로 더없이 중요합니다. 창업자들은 창업 아이템의 사업성보다, 창업을 통해 얻은 지식과 경험이 더 중요할 수 있기 때문입니다. 첫 창업에 대한 노력이 반드시 성공하리라는 보장은 없습니다. 그러나 여러 번에 걸친 창업에 대한 노력은 더욱 완벽한 사업계획과 기술 구현능력을 보장하게 됩니다.

　　창업자들이 최초 사업계획서를 작성하는 사유는 정부 지원 자금을 받아 시제품을 만들어 보기 위한 것이라고 생각합니다. 그 이후 투자유치를 위한 IR 자료를 작성하기도 합니다. 투자유치보다 쉬운 것이 정책자금을 융자하여 조달받는 것입니다. 정책자금 조달을 위해서는 재무회계를 알고 있으면 유리합니다. 창업 초기가 지나면 제품의 판촉을 위해 각종 인증을 취득하려고 합니다. 사회적기업에 대한 컨설팅 내용과 더불어 실제 사례를 이 책에 담았습니다. 기업에 따라서는 자금경색으로 인해 회생절차에 들어가고, 다시 사업에 재도전하는 경우도 많습니다. 이러한 창업자의 재도전까지 모두 기술하고자 노력하였습니다.

저자 이철우

CONTENTS

PART

성장 전략
(인사 노무 납세)

PART 1

창업 발굴
(콘텐츠 공유 플랫폼)

❓ 창업자 질의 사항

Q 콘텐츠를 공유하는 플랫폼을 구축하여 사업을 하고자 합니다. 사업화가 가능할까요?

A 최근 창업자들은 정보통신을 이용하여 서비스하는 사업을 많이 창업하고자 합니다. 정보통신은 그간 구현이 어려웠던 사업 내용을 가능하게 해 줍니다. 그중 하나가 정보통신 기반의 플랫폼 서비스입니다. 플랫폼 서비스는 다양한 측면에서 장점이 있습니다. 먼저 서비스 회원을 확보하여 대상 고객을 확정하고, 이를 이용하여 고객 맞춤형 상품으로 수익을 창출합니다.

콘텐츠 또한 매우 다양합니다. 컨설팅 사례공유도 하나의 콘텐츠라 할 수 있고, 동영상을 통한 교육 콘텐츠도 있습니다. 창업자께서는 콘텐츠의 범주에 대해 지식과 경험이 이미 있는 것으로 보입니다. 그러한 지식과 경험을 바탕으로 창업 아이템을 개발하고 서비스를 제공하고자 합니다. 문제는 이를 구현할 플랫폼입니다. 물론 플랫폼은 외주를 주어야 합니다. 그래도 창업자가 플랫폼에 대한 상세한 설계 내용을 기록하여 전달해 주어야 외주 제작이 가능합니다. 이 장에서는 콘텐츠 공유 플랫폼 사업을 창업하고자 하는 기업에 관한 컨설팅 사례를 중심으로 설명하겠습니다.

* 컨설팅 사례를 각색 및 일반화하여 개조식으로 설명하였습니다.

01

산업 환경 분석

유튜브(https://www.youtube.com/)는 동영상 콘텐츠를 공유하는 대표적인 플랫폼이라고 볼 수 있습니다. 유튜브를 기반으로 활동하는 크리에이터는 국내에서만 수만 명이 될 것으로 보입니다. 먼저 산업 환경을 분석한 내용으로 산업 동향 및 MCN(Multi-Channel Network) 사업자 등을 문헌을 참조하여 다음과 같이 정리합니다.

가. 동향 개요

▶ 유튜브에서 가장 인기 있는 상위 250개 채널을 기반으로, 채널의 종류를 구분하면 다음과 같이 16개 정도로 구분이 가능함.

유튜브 Top 250개 채널의 카테고리 구분

구분	카테고리	구분	카테고리
1	자동차	9	뉴스 및 정치
2	코미디	10	비영리 및 활동
3	교육	11	사람/블로그
4	엔터테인먼트	12	펫과 동물
5	필름	13	과학 및 기술
6	게임	14	쇼
7	HOW TO(요령) 및 스타일	15	스포츠
8	음악	16	여행

자료 출처: Social Blade.

좌충우돌 **창업경영 오픈소스**

▶ 2017년 크리에이터가 업로드를 많이 하는 영상 분류는 사람 (42%), 게임(14%), 필름(10%), 엔터테인먼트(8%) 순이었음.

▶ 반면 실제로 구독자들이 많이 시청하는 영상 분류는 엔터테인먼트(24%), 음악(19%), 사람(18.5%), 필름(8%) 순임.

▶ 크리에이터가 가장 많이 업로드하는 영상 분류인 '사람'은 전체의 40%를 차지한 반면, 이용자가 많이 시청하는 영상 분류인 '엔터테인먼트'는 전체의 24%를 차지해 집중도 부분에서도 크리에이터와 이용자 간에 차이가 있었음.

▶ 크리에이터의 영향력과 인기도는 구독자 수, 수익, 누적 조회 수 등 다양한 기준으로 판단할 수 있음. 한때 영상 누적 조회 수가 주요 기준으로 평가됐으나, 현재는 구독자 수와 수익이 보편적인 평가 기준으로 활용됨.

▶ 소셜블레이드는 자체 평가 척도인 SB랭크(SocialBlade Rank), 구독자(subscribers), 조회 수(video views)별 상위 5,000위까지의 유튜버 순위를 제공하고 있음.

▶ 이외 개별 유튜버의 정보는 유튜브 채널명으로 검색하면 해당 채널의 업로드 동영상 수, 국적, 채널 분류, 채널 개설일,

예상 월간·연간 수입 등 다양한 정보를 파악할 수 있음.

▶ 콘텐츠 소비가 특정 국가나 언어에 국한되지 않고 전 세계적으로 이뤄지면서 2세대 크리에이터들은 최대한 많은 구독자(팬)를 확보하기 위해 언어의 한계를 극복할 방안을 찾고 있음.

▶ 언어를 꼭 이해하지 못하더라도 재미를 느낄 수 있는 '시각적' 공통분모나 재미 요소를 콘텐츠에 적극적으로 담는 방식으로 나아가고 있음.

▶ 즉, 크리에이터들은 콘텐츠의 관전 포인트를 '스토리의 이해' 보다는 '특정 순간마다 시각적으로 보고 즐길 수 있는 것'에 두고 있음.

▶ 한동안 리액션 방송이나 실험 방송, 음악, 게임, 뷰티 등의 콘텐츠가 인기 있었던 것도 이와 같은 맥락 때문임.

▶ 즉, 언어가 콘텐츠 이해의 제약 요소로 작용하지 않도록 시각적 재미 요소를 최대한 가미하는 것이 필요함.

나. MCN 사업자

▶ 현재 크리에이터 시장 내 MCN(Multi-Channel Network) 사업자의 영향력은 점점 약해지는 추세임.

▶ 불과 2~3년 전까지만 해도 대표적 해외 MCN 사업자인 메이커 스튜디오(Maker Studio, 현 디즈니 스튜디오), 어썸니스 TV(Awesomeness TV), 풀스크린(Fullscreen), 머시 니마(Machinima), 스튜디오(Studio71) 등을 중심으로 한 크리에이터 비즈니스 또는 MCN 비즈니스가 성행했음.

▶ MCN 사업자는 시장에 대응하고, 크리에이터는 창작에 힘을 쏟는 비즈니스 모델이 자리 잡은 것임. 그러나 2016년 이후부터 MCN 소속의 크리에이터의 수가 줄어드는 추세임.

▶ 수익 랭킹 상위권에 있거나 인기 순위에 속하는 채널 중 MCN에 소속되어 있는 크리에이터들이 상당히 감소함.

▶ 크리에이터 시장 내에서 MCN 사업자의 영향력이 약화된 데에는 여러 가지 이유가 있겠지만, 무엇보다 해외의 주요 MCN 기업들이 다른 기업과의 인수합병을 통해 회사의 정체성과 방향성의 변화를 겪는 과도기적 시점에 있기 때문으로

볼 수 있음.

▶ MCN 인수합병의 첫 주자는 어썸니스TV였음. 2013년 드림웍
스 애니메이션이 인수한 데 이어 2014년 허스트(Hearst), 그리
고 최근에는 버라이즌이 지분 24.5%를 인수하면서 구조적
변화를 겪었음.

▶ 메이커 스튜디오도 마찬가지임. 디즈니에 2014년 인수된 데
이어, 2017년부터는 독립 사업이 아니라 디즈니의 디지털 부
서로 소속이 변경됐음. 즉, 이 두 기업 모두 MCN 사업자에
서 종합 콘텐츠 사업자로 탈바꿈해 나가고 있는 것임(조영신,
2017).

▶ 주요 사업 역시 현재 크리에이터 중심의 사업 모델보다는 기
업 차원의 미디어 사업 모델을 모색해 나가고 있음. 현재 2세대
크리에이터들은 MCN 사업자의 계약보다는 스스로의 매니지
먼트 또는 플랫폼과의 제휴에 더 중점을 두는 형태를 보임.

▶ **따라서 2세대 크리에이터를 흡수하고 협업을 이루는 플랫폼
의 등장이 필요한 시기임.**

02
크리에이터 수익

▶ 크리에이터 시장의 가치는 크게 '플랫폼의 경제적 가치'와 '크리에이터의 경제적 가치'를 함께 살펴볼 필요가 있음.

▶ 콘텐츠 산업은 특히나 플랫폼과 콘텐츠가 상생하는 생태계임. 어느 한 쪽이 선행되거나 어느 한 쪽만 성장한다고 해서 시장이 생존하거나 성장해 나갈 수 없는 영역임.

▶ 플랫폼 회사인 유튜브나 해당 크리에이터가 공식적으로 발표하지 않는 이상, 정확한 수익을 알 수는 없음. 유튜브의 모회사인 알파벳(Alphabet)은 아직 한 번도 유튜브와 유튜버의 수익을 공개한 적이 없음.

▶ 플랫폼 회사인 구글과 콘텐츠 생산자인 유튜버 모두 수익을 공개하지 않기 때문에 사실상 유튜브 동영상의 경제적 가치와 시장 규모는 공개된 여러 지표를 토대로 어림잡아 추정하는 것만 가능함.

▶ 국내 인기 게임 유튜버인 '대도서관'의 사례를 보면, 소셜블레이드 사이트의 자료를 기준으로 월수입을 추산하면 최소 630만 원에서 1,000만 원 정도로 파악됨. 그러나 그가 방송에서 밝힌 그의 실제 월수입은 2,000만 원에서 5,000만 원인 것으로 확인되면서, 추산 수익과 실제 수익 간에 꽤 큰 차이가 있는 상태임.

▶ 크리에이터가 수익을 낼 수 있는 방법은 여러 가지가 있는데, 크게 콘텐츠를 통한 직접 수익과 간접 수익으로 나눌 수 있음. 콘텐츠를 통한 직접 수익은 말 그대로 크리에이터가 업로드한 콘텐츠에 대해 광고가 붙으면서 콘텐츠만으로 수익을 내는 것임.

▶ 이러한 광고 역시 다음의 네 가지 유형으로 나눌 수 있음(최현우, 2016). 유튜브는 45:55(크리에이터:유튜브)의 비율로 수익을 배분하는데, 만약 크리에이터가 MCN에 속해있을 경우 45%의 비율 내에서 수익을 다시 분배하게 됨.

▶ 광고의 종류는 다음과 같음.
  ① 인비디오(In-Video): 동영상 하단에 나타나는 오버레이 광고의 인비디오.
  ② 인스트림(In-Stream): 동영상 재생 전, 중간, 후에 삽입되는

30초 이하의 광고.

③ 배너(Banner): 동영상 옆이나 추천 동영상 목록의 상단에
　표시되는 광고.

④ 트루뷰(True View): 이용자가 5초 광고를 보고 광고를 건
　너뛸 수 있는데, 실제로 시청자가 본 시청 시간에 대해서
　요금을 책정하는 광고.

▶ 유튜브의 광고 시스템인 애드센스는 이용자 수, 주요 이용자 국적,
　콘텐츠 공급 국가, 비디오 유형 등 다양한 기준을 근거로
　CPM(Cost Per Millennium, 1,000회 광고 노출당 광고비)을 계산함.

▶ 광고 수익은 누구나 가능한 것이 아니라 최근 1년간 전체 시
　청 시간 4,000시간과 구독자 1,000명 이상을 보유한 크리에
　이터만 가능함.

03
인기 크리에이터

가. 해외 인기 크리에이터

▶ 퓨디파이(PewDiePie)를 운영하는 펠릭스 아르비드(Felix Arvid)는 2013년부터 구독자 수 기준 1위를 지키고 있는 스웨덴 게임 방송 유튜버임. 공포 게임을 주제로 방송하는데, 특유의 동작과 재미있는 표정, 말장난, 거친 욕설 등으로 큰 인기를 끌고 있음.

▶ 베노스게이밍(VanossGaming)을 운영하는 캐나다 출신 게임 유튜버 에반 퐁(Evan Pong)은 2011년에 유튜브 방송을 시작했음. 주로 GTA(Grand Theft Auto), 콜 오브 듀티(Call of duty), FPS(First Person Shooter), 게리모드(garry's mod) 등의 게임을 플레이하는 방송을 함.

▶ 듀드퍼펙트(Dude Perfect)는 총 5명의 친구로 구성된 익스트림 스포츠 챌린지 또는 퍼포먼스 유튜버 채널임. 미국 고등학교 농구선수이자 텍사스 A&M대학 룸메이트인 쌍둥이 코비와 코리, 개렛 힐버트, 코디 존스, 그리고 타일러 토니 등이 채널에 참여함.

나. 국내 인기 크리에이터

▶ 국내에서 활발한 활동을 하는 인기 크리에이터로는 먹방 분
  야의 '밴쯔'와 '디바'가 있음.

▶ 꿀잼 분야에는 '영국남자, 조쉬(Josh)'와 '유준호'가 있음. 조쉬
  는 2013년부터 '영국남자'라는 유튜브 채널을 운영하면서 유
  명해졌으며, 귀공자 같은 외모와 유창한 한국어 실력으로 인
  기가 많음.

영국남자 유튜브 채널

자료 출처: 해당 홈페이지.

▶ 목소리가 좋은 유준호는 원래 페이스북으로 유명했던 사람
  으로, 페이스북 활동 영역을 유튜브로 확장하였음. 각종 상
  업 광고나 홈쇼핑 동영상에 본인만의 센스와 유머로 더빙한

코믹 동영상이 큰 인기를 얻고 있음.

▶ 유커넥은 크리에이터는 아니지만, 원하는 크리에이터를 직접 선정하여 브랜드를 유튜브 영상 콘텐츠로 제작함. 브랜디드, PPL, 유튜브 영상 마케팅, 크리에이터 추천, 1,500명의 크리에이터와 협업 가능함.

▶ 영상 마케팅, 마케팅 사례, 크리에이터 찾기, 브랜드 콜라보레이션이 가능하며, 유튜브 마케팅, 크리에이터 마케팅을 수행함.

유커넥: 유튜브 인플루언서 매칭 플랫폼

자료 출처: 해당 홈페이지.

좌충우돌 **창업경영 오픈소스**

04
크리에이터 생태계

서희정(2018)은 「크리에이터 전성시대, 진단과 전망」에서 크리에이터의 생태계를 다음과 같이 정리하고 있습니다.

가. 새로운 영역의 확장

▶ 기존 콘텐츠 문법의 파괴와 다양화

: 크리에이터는 미디어 업계에 콘텐츠의 다양성을 확보하는 역할을 함. 기존 미디어에서 다루지 않았던 새로운 장르의 콘텐츠를 스스로 만들어내기 시작했음(영상 리액트, 장난감 리브 등).

▶ 콘텐츠 마케팅의 다각화

: 크리에이터의 수익 모델은 콘텐츠를 통한 직접 수익 외에도 브랜드 콜라보레이션, 간접광고, 라이센싱, 오리지널 콘텐츠, 모델료·출연료 등의 간접 수익이 존재함(브랜디즈 콘텐츠 영역).

▶ 제품 마케팅의 신흥 강자

: 마케팅 영역에서도 인플루언서나 유튜브 스타가 기존의 마케팅 문법을 대체한 지 오래됨. Tomoson(2016) 자료에 따르면, 인플루언서 마케팅은 자연검색(Organic Search), 이메일, 유료광고(Paid Search), 배너광고(Display Advertising) 등 온라인 신규고객 유치 마케팅 방법 중 급성장하는 광고 마케팅이자 '비용 대비 가장 효과적인 마케팅'인 것으로 나타났음.

▶ 사회적 이슈에 대한 관심 유도

: 유튜버 릴리싱(Lilly Singh)은 사회적 문제를 해결하는 데 적극적인 크리에이터임. 그는 "우리는 사회가 가지고 있는 이슈와 문제를 해결하는 데 창조적이어야 한다."라고 말하였고, 2017년에는 유니세프의 친선 대사로 임명되어 캠페인을 실시하기도 했음.

나. 극심한 성장통과 위기

▶ 누구나 제약 없이 자유롭게 콘텐츠를 만들고 유통, 소비할 수 있는 환경이 만들어졌다는 것은 민주주의의 측면에서 매우 큰 의미를 갖게 됨. 1인 미디어 시대로 변화하면서 특정인에게만 부여됐던 미디어의 기능과 역할을 일반 사람들도 수

행할 수 있게 되었음.

▶ 콘텐츠의 자유성으로 인해 내용이 사회적 법규와 맞지 않는 게시물들이 대거 양산되는 폐해를 초래하고 있음.

▶ 돈으로 구독자를 사는 시장 왜곡 현상이 발생함. 조작 업체가 등장하게 된 이유는 유튜브 내 모든 숫자가 수익과 직결되기 때문임. 특히 유튜브가 2018년 2월 수익 배분 조건을 '최근 1년간 전체 시청 시간 4,000시간'과 '1,000명 이상 구독자 보유'로 변경하면서 더 심각해졌음.

▶ 결과적으로 수익에 매몰돼 콘텐츠 제작이란 본연의 시장이 왜곡되는 현상이 발생하면서, 크리에이터 생태계에 큰 위협이 되고 있음. 따라서 생태계를 왜곡시키는 서비스 플랫폼은 퇴출당할 것으로 보임.

▶ 크리에이터 생태계의 본질은 바로 '콘텐츠'임. 더 나은 콘텐츠, 더 질 높은 콘텐츠, 이용자 중심의 콘텐츠가 만들어질 때 크리에이터 시장도 지속해서 발전할 수 있는 것임.

▶ 결과적으로 크리에이터와 관련 기업 모두 유튜브라는 플랫폼에 집중되어 있기 때문에, 이들의 노력이 필수적임. 플랫폼

은 지금과 같은 수동적인 태도를 넘어, 실질적인 대응과 대책, 방안 등을 서둘러 마련해야 함. 이용자 역시 단순한 시청의 개념을 넘어 비판적, 감시적 시청을 할 수 있도록 문제의식을 가져야 할 것임.

05
전문지식 플랫폼

전문지식을 공유하는 플랫폼을 운영하는 지식서비스 기업인 P사와 K사를 중심으로 사업내용을 벤치마킹하겠습니다. P사는 일하는 사람들의 콘텐츠 구독 서비스를 멤버십으로 제공하는 기업입니다. K사는 전 세계 한인 과학기술자들을 하나로 연결하는 네트워크 서비스를 제공하고 있습니다.

P사와 K사의 비교

플랫폼	지향하는 서비스
P사	일하는 사람들의 콘텐츠 구독 서비스(멤버십으로 운영)
K사	전 세계 한인 과학기술자들을 하나로 연결하는 네트워크 서비스

▶ P사는 콘텐츠 퍼블리싱을 1차 목표로 하고 있고, 그 사이트의 카테고리를 크게 다음과 같이 나누고 있음.
 ① 산업(라이프스타일, 미디어, 테크, 리테일)
 ② 경제
 ③ 금융(토지, 재테크)

④ 스타트업

⑤ 경영전략

⑥ 커리어(직무, 일 잘하는 법, 조직문화, 영감을 주는 글)

⑦ 기타 분야

▶ P사와 K사의 공통점은 모두 회원(사람)을 중심으로 하고 있는 것임. 즉 콘텐츠 플랫폼은 콘텐츠는 수단에 불과하고 우수한 창작자(크리에이터) 또는 지식인 확보가 관건임.

▶ 즉, P사는 저자와 독자가 회원으로 구성되고, K사는 과학자와 연구자들이 전문가 집단으로 구성됨.

▶ P사는 국내 회원을 대상으로 하는 반면에, K사 글로벌 전문가를 지향하고 있음.

▶ P사와 K사 모두 지적 갈등을 해소하는 지식 공유 서비스이나, 수익 발생 측면에서 P사는 유료 회원제로 운영되고 있고, K사는 연구자들의 서비스를 무상으로 제공하고 있는 것으로 보임.

▶ **따라서 창업자는 기존 콘텐츠 공유 플랫폼을 벤치마킹하여, 이들과의 차별적 특성을 사업화 목표로 설정하여 기획 및 구현을 해야 할 것으로 보임.**

▶ 콘텐츠 공유사업의 비즈니스 모델 캔버스는 다음과 같이 작성할 수 있음.

비즈니스 모델 캔버스(콘텐츠 고유사업)

8 KP (핵심파트너)	7 KA (핵심활동)	2 VP (가치 제안)	4 CR (고객 관계)	1 CS (고객 세분화)
- 크리에이터 회원 - 엔젤 등 투자자 외주제작 업체	크리에이터 활동 기회 제공 6 KR (핵심자원) 크리에이터 사업계획 능력	- 유의미한 콘텐츠 적기 제공 - 창작자에게 추가 수익 제공	플랫폼 회원 관계 3 CH (유통채널) 구글 및 앱 스토어	- 크리에이터 - 동영상 구독자 - 광고 의뢰업체

9 CS (비용구조)	5 RS (수익 원천)
플랫폼 개발비, 임차료, 인건비, 홍보비용	월정액 회비, 광고 수입, 콘텐츠 게시 비용

▶ 창업자는 경영환경의 변화 및 기술 개발의 변화 동향을 감안하여 회사의 전략을 단계별로 추진하는 린(LEAN) 캔버스 모델을 적용하여 사업을 영위할 필요가 있음. 즉, 플랫폼(MVP)을 일부 구축하여 시장의 동향을 관찰하면서 이에 따른 서비스의 변화를 모색하는 것이 필요함.

린(Lean)캔버스 모델

② 고객 문제	④ 솔루션	③ 고유가치 제안	⑤ 수익 모델	① 대상 고객
가장 중요한 세 가지 문제	가장 중요한 세 가지 기능	다른 제품과의 차이점을 설명하고 알기 쉽고 설득하는 단일 메시지	흉내 낼 수 없는 특징	목표 고객
	⑨ 핵심지표		⑥ 채널	
	측정해야 하는 핵심 활동		고객 도달 경로	

⑧ 손익계획(비용구조)	⑦ 매출계획(수익원)
고객획득 비용, 유통비용, 호스팅, 인건비 등	매출모델, 생애 가치, 매출, 매출총이익

06
예비 창업패키지

콘텐츠 공유 플랫폼을 사업화하는 창업자도 일반 창업자와 같이 시제품 제작 관련 정부 지원 자금을 받아 실행할 수 있습니다. 따라서 정부 지원 사업 중 예비 창업 패키지에 대해 설명하겠습니다.

가. 개요

▶ 매년 2월경을 전후하여 중앙정부(창업진흥원 등)가 정부 사업의 주관기관을 선정하게 됨. 주관기관은 광역단체 소속 기관들인 서울산업진흥원, 경기도경제과학진흥원 등이 선정될 수 있음.

▶ 정부 사업 주관기관이 결정되면 각 주관기관은 함께 사업을 추진할 전문위원과 사업자들을 모집하게 됨. 예를 들어 창업 성공 패키지(청년창업사관학교 등), 예비 창업 패키지(특화 분야), 재도전 성공 패키지 등이 있으며, 금년 신규로 시작하는 초기 창업 패키지 등 지원 사업이 있음.

▶ 초기 창업 패키지의 특화 프로그램은 다음과 같이 구성될 것으로 보임.

초기 창업 패키지 특화 프로그램

프로그램		주요 내용
필수	창업 아이템 검증	초기 창업기업의 사업화 성공률 제고를 위한 개발 기술·제품의 시장 수용성 검증 지원
	초기 창업기업 지원	원활한 사업화 지원에 필요한 마케팅, 인증, 재무회계 및 지재권 보호 지원 등
선택 (택 2)	투자유치 프로그램	초기 창업기업의 투자유치 역량을 강화하기 위한 교육 및 IR 지원(내부 투자재원 마련 필수)
	지역거점 프로그램	창업기업-전문가(기관) 간 네트워킹 등 지역 창업 활성화를 위한 프로그램(권역별, 업종별 교류회, 콘퍼런스 등)
	실전창업교육	스타트업 현장체험(인턴십), 실습형 창업강좌 및 프로젝트 중심 창업동아리 운영 등
	창업대학원 (대학 선택)	AI, 빅데이터, IoT 등 4차 산업혁명 분야의 창업인재(창업기업) 양성을 위한 교육 콘텐츠 연구·개발, 대학원 실전창업강좌 운영 등

▶ 정부 지원 사업을 지원하는 주관기관 또는 지역에 따라 경쟁률에서 차이가 날 수 있음. 따라서 경쟁이 조금 낮은 지역거점의 주관기관에 지원하면 상당한 승산이 있다고 볼 수 있음.

▶ 예비 창업 패키지 일반분야의 사업 목적을 살펴보면, 사업화

자금 지원, 창업교육 및 멘토링 지원임. 예비 창업 패키지는
신청기준일 현재 사업자등록이 없어야 하며, 창업한 경험이
있는 창업자는 업종이 다른 것이어야 함.

▶ 창업 사업화 지원자금은 평균 5,000만 원 정도이고, 최대 1
억 원까지 지원되는 것으로 알고 있음. 더불어 창업교육 40
시간을 이수해야 함.

나. 모집 인원 및 대상

▶ 2020년 기준 모집 인원 약 1,100명 정도가 될 것으로 보이며
청년 및 중장년(40세 이상)으로 구분하여 선정함. 주관기관별
로 경쟁률이 다를 수 있으므로 적의 판단하여 경쟁률이 다
소 낮은 주관기관으로 선택하는 것이 필요함.

▶ 예비 창업 패키지는 정부 지원 사업을 최초로 받는 예비 창
업자를 대상으로 하는 것이므로 다음의 사항이 필요함.
① 사업자 등록한 사업체가 없을 것.
② 폐업 경험이 있는 경우 동종업종으로 재창업하는 것에 해
당하지 않을 것.
③ 금융기관 등으로부터 채무불이행으로 규제가 없을 것.

④ 국세 또는 지방세 체납으로 규제되지 않을 것.

⑤ 중소벤처기업부 창업 사업화 지원을 받았거나 수행 중이
지 않을 것 등이 선정을 위해 필요함.

다. 소요 자금

▶ 사업화를 위해 지원되는 자금(바우처)은 다음과 같은 비목으
로 지출되어야 함.

① 재료비

② 외주용역비

③ 기계장치(공구기구, SW 등)

④ 특허권 등 취득비

⑤ 인건비

⑥ 여비

⑦ 교육훈련비

⑧ 광고선전비

⑨ 지급수수료 등

▶ 지원기간은 2020년 기준으로 협약 후 약 8개월, 11월 말까지
임. 신청기간은 대략 2월 초부터 3월 초까지 약 1개월의 기간
내 해당 홈페이지에서 온라인 신청절차에 따라 신청하게 됨.

라. 선정 평가

▶ 선정평가는 ① 서류평가에 2배수 이상을 선발하고, ② 발표 평가에서 5분 발표, 15분 질의응답이며, ③ 최종 선발은 발표 평가 100점 만점의 고득점자순으로 선정함.

▶ 선정 시에 다음의 항목에 해당하는 경우 1점 가점을 취득하게 됨.
  ① 기술기반의의 2인 이상의 예비 창업팀
  ② 창업 관련 특허권 및 실용신안권을 보유한 자
  ③ 최근 2년 이내에 정부 주관 전국규모 창업경진대회에서 수상한 자
  ④ 고용위기지역 거주(주소지)에 해당하는 자

▶ 발표평가에서 발표는 예비 창업자(신청자)가 직접 참여하여 발표하는 것을 원칙으로 하니, 이 점을 유의하여야 함.

▶ 세부평가 지표별 평점이 평가배점의 60%에 미달되는 점수를 취득한 자는 종합평점과 관계없이 선정대상에서 제외됨.
  ① 문제인식 30점 배점에 18점 이상
  ② 해결방안 30점 배점에 18점 이상
  ③ 성장전략 20점 배점에 12점 이상
  ④ 팀 구성 20점 배정에 12점 이상을 득점하여야 함

07

사업계획서 작성

예비 창업 패키지를 중심으로 사업계획서를 작성하는 순서에 대해 말씀드리겠습니다. 예비 창업 패키지의 사업계획서는 ① 일반현황, ② 창업 아이템 개요, ③ 사업계획서 본문으로 나눌 수 있습니다.

가. 일반현황

▶ 일반현황으로 창업 아이템 명칭, 기술 분야, 신청자에 대한 소개 내용을 기술하여야 하고, 창업 아이템 명칭은 '제조업'이나 '지식서비스업'과 관련이 있어야 함.

▶ 기술 분야는 정보통신, 기계소재, 전기·전자, 화공섬유, 의료생명, 에너지자원, 공예디자인 등으로 나눔.

▶ 일반현황에서 중요한 것으로 '팀 구성'임. 창업자 본인은 일반현황을 기술하고, 팀 구성은 창업자(신청자)를 제외하고 작성함.

▶ 다음과 같은 팀 구성이면 가점 대상이니 확인할 필요가 있음.

① 팀 창업 우대-2인 이상(대표자 포함)의 기술기반 예비 창업 팀 [1점]

② 신청한 창업 아이템과 관련된 특허권 또는 실용·신안권 보유자(단, 권리권자에 한함, 출원 건 제외) [1점]

③ 최근 2년 이내('18~현재) 정부 주관 전국규모 창업경진대회 수상자 [1점]

④ 고용위기지역 거주자 [1점]

▶ 창업진흥원 사업내용으로 볼 때 예비 창업 패키지→초기창업 패키지→창업 성공 패키지 순으로 지원하는 것이 바람직할 것으로 보임.

▶ 예비 창업 패키지는 청년 및 중장년을 구분하여 신청을 받고 있으며, '예비 창업 패키지 특화 분야'도 추가로 진행될 것으로 보임.

나. 주요 내용

▶ 표준 사업계획서는 주요 내용은 ① 문제의 인식(Problems), ② 실현 가능성(Solutions), ③ 성장전략(Scale-up), ④ 팀 구성(Team building)으로 구분됨.

▶ 문제의 인식은 다시 개발동기와 필요성(사업목적)으로 구분되고, 실현 가능성은 서비스 개발 및 사업화 전략, 시장분석 및 경쟁력 확보로 구성됨.

▶ 성장전략에서는 시장진입 및 성과 창출 전략을 기술하게 되며, 성장전략에서 자금소요 및 조달 계획은 본 신청 건에 관해 기술하면 됨. 예를 들어 최대 지원 자금이 1억 원이므로 이를 한도로 작성하면 될 것으로 보이며, 비목별 집행기준 한도는 미제시되고 있음.

▶ 표준 사업계획서에서 첫 번째로 기술해야 할 내용인 문제의 인식에 대한 설명과 관련하여, 창업 아이템을 발굴하여 사회적 또는 경제적 문제를 해결한다는 것을 명료하게 설명해야 함.

▶ 유사한 사업내용들이 이미 시중에 있다면 이들 기업을 적시하고, 그 사업의 내용들을 단순 명료하게 비교 설명하여 창업 아이템의 차별성을 객관적으로 인식시킬 필요가 있음.

▶ 더불어 사업화 이후 기업의 수익성을 어느 정도 파악할 수 있다면 이를 비교, 정리, 예측하는 것이 바람직할 것으로 보임.

▶ 특히 창업자의 비즈니스 모델을 명료하게 설명할 필요가 있

음. 비즈니스 모델에는 사업의 서비스 제품이 무엇인지, 이를 유통할 방안(사이트)은 무엇인지 확실히 표현할 필요가 있음.

▶ 창업자는 제품인 콘텐츠를 만들어내는 과정과 방안, 향후 지속해서 생산할 제품에 관해 설명해야 하고, 창업자가 이러한 제품을 생산할 충분한 역량과 자원을 가지고 있다는 것을 보여 주어야 함.

▶ 콘텐츠의 공급자와 수요자 측면에서 유용성이 있다는 것을 설득력 있게 주장해야 하며, 플랫폼을 통해 거래하고자 하는 콘텐츠와 적정한 가격이 책정되어야 할 것으로 보임.

▶ 정보통신(ICT) 플랫폼을 구축하는 전문가가 없는 경우에는 팀 구성을 보강하는 방안을 구체적으로 제시하고, 외주 협력 업체를 물색해 확보해 놓을 필요가 있음.

▶ 사업계획서 작성 방법은 'K-Startup 창업에듀'를 참고하면 다소 도움이 될 것으로 보임(www.k-startup.go.kr/edu/home/lecture/LTYPE_006).

08

사업계획 발표

사업계획서 작성과 사업계획 발표와는 다른 측면이 있습니다. 사업계획서는 자세히 작성할 수 있지만, 발표 자료는 시간적 제약으로 인해 다소 함축적으로 표현할 필요가 있습니다. 특히 발표 자료는 심사위원(청중)의 질문을 전제로 한다고 볼 수 있습니다.

가. 자료 작성

▶ 발표 자료는 ① 문제 상황 제시, ② 해결 방안, ③ 대상 고객 반응, ④ 시장의 크기, ⑤ 경쟁자 분석, ⑥ 수익 모델, ⑦ 팀 구성, ⑧ 로드맵(Milestone) 등의 순서로 작성함.

▶ 기존 산업에 진입하는 창업의 경우라면 ① 대상 고객, ② 고객의 문제, ③ 문제의 대안, ④ 고유가치 제안, ⑤ 솔루션 제안의 순서로 작성 및 발표하는 것도 바람직함.

▶ 총 10장 내외의 발표 자료에 주장하는 내용을 요약하여 전달하되, 근거 또는 가정을 전제로 요약 설명을 해야 함.

▶ 심사위원은 사업계획의 사실성, 연관성, 충분성 등을 검증하기 위해 질문할 것이고, 창업자는 이에 대해 간결하되 충분한 설명으로 심사위원을 공감시켜야 할 것임.

나. 발표 요령

사업계획을 발표할 때는 발표하는 순서에 대해 사전에 계획을 세워두어야 합니다. 일반적으로 사업계획서 발표에서 주의하여야 할 사항을 다음과 같이 정리하였습니다.

(1) 먼저 비즈니스 모델 또는 린 캔버스를 머릿속에 그려 넣고, 스토리텔링하듯이 설명함.

(2) 사업계획을 발표하는 목적과 상황에 따라 피칭 전략을 다르게 함. 따라서 여기서는 정부 지원 사업에 부합하게 발표해야 함.

(3) 정확한 발표시간을 확인하고, 시간을 안배하여 핵심 내용을 제대로 전달하고자 노력해야 함.

(4) 사업계획서와 사업계획 발표는 다른 것으로, 사업계획서는 내용을 자세히 기술하는 것이지만, 사업계획 발표는 핵심적

인 내용을 설득력 있게 전달해야 함.

(5) 발표할 때는 큰 글씨 중심으로 설명하고, 물 흐르듯 발표 내용을 전달함. 발표 자료에 많은 글자를 넣지 않도록 하고, 근거를 위해 많은 글자가 들어가더라도 핵심 문구로 요약해서 전달함.

(6) 발표는 주장의 근거를 함께 제시하여야 설득력이 높아짐. 특히 제시하는 각종 자료는 반드시 출처를 기재해야 함.

(7) 발표 근거 데이터는 설명하지 않더라도 미리 준비하여 지참함. 해당 질문을 받으면 즉시 자료를 제시하면서 자신 있게 대답함.

(8) 심사위원 등으로 하여금 호기심을 유발하도록 발표함. 따라서 스토리텔링이 필요하고, 'What'보다는 'Why'를 먼저 얘기하여 심사위원들의 흥미를 유발해야 함.

(9) 자신감 있는 표정과 제스처가 간혹 필요함. 온라인 TED의 인기 강사 동영상을 참고하는 것이 도움이 됨.

(10) 발표자는 명확한 인상을 남길 수 있도록 인상적인 마무리 멘트를 준비함. 고유가치 제안을 다시 한번 더 강조하는 것도 좋음.

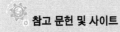 **참고 문헌 및 사이트**

- 강영철 외(2008), 『전략 경쟁 분석』, 3Mecca.

- 경기도(2019), 『2019 경기도 중소기업 지원시책』, 경기도.

- 김민성(2018), 『스타트업 투자유치 마스터링』, IT동아.

- 서희정(2018), 「크리에이터 전성시대, 진단과 전망」, 한국언론진흥재단.

- 중소벤처기업부(2018), 『2018 창업 지원 사업』, 중소벤처기업부.

- 중소벤처기업부(2019), 『2019 정부 창업지원 사업 통합공고』, 중소벤처기업부.

- 안광호, 하영원, 박흥수(2011), 『마케팅 원론』, 학현사.

- 경기신용보증재단(https://www.gcgf.or.kr/)

- 경기도경제과학진흥원(https://www.gbsa.or.kr/)

- 경기콘텐츠진흥원(https://www.gcon.or.kr/)

- 기술보증기금(https://www.kibo.or.kr/)

- 신용보증기금(https://www.kodit.co.kr/)

- 유커넥(http://www.uconnec.com/)

PART 2

사업 계획
(수제 도시락 배달)

? 창업자 질의 사항

Q 수제 도시락을 예약 주문 배달하는 업종을 창업하고자 합니다. 창업 아이템을 사업화하기 위한 배달 플랫폼을 어떻게 만들어야 할까요?

A 창업 아이템은 하나의 산업(업종)에 소속되게 됩니다. 산업(업종)은 크게 제조업, 건설업, 도소매업, 서비스업 등으로 나누는데, 하나의 산업은 다시 세분화된 산업으로 나누어지게 됩니다. 기존 도시락 산업은 도시락류 제조업 또는 식사용 가공처리 조리식품 제조업 등으로 세분화됩니다. 설명의 편의상 도시락 산업으로 호칭하고 설명하겠습니다.

도시락 산업은 계속 그 규모가 커지고 있습니다. 창업자께서는 이러한 시대적 흐름을 간파하고, 수제 도시락을 배달하는 업종을 창업하고자 합니다. 창업자께서는 수제 도시락을 만드는 경험과 지식을 보유한 것으로 보입니다. 그야말로 맛에 대해서는 자신이 있는 상태이고, 이제 영업 및 판매환경을 확대하여 예약 주문을 받고 이를 적기에 배달하여 수익을 창출하고자 합니다. 창업은 이렇듯 기존에 있는 산업 중에서 추가적인 지식과 기술을 첨가하여, 보다 발전된 산업으로 진화한다고 볼 수 있습니다. 이 장에서는 창업 아이템을 사업화하는 과정을 설명드리겠습니다.

01
산업 환경 분석

온라인 웹이나 모바일을 통해 정보통신(Information and communications technology, ICT) 플랫폼 비즈니스가 의료, 교육, 금융, 에너지 등 다양한 산업으로 본격적으로 확산되면서 기존의 유통 형태를 파괴적으로 혁신하는 사례가 나타나고 있습니다.

▶ Parker 외(2016)는 플랫폼 비즈니스를 외부 생산자와 소비자 간의 상호작용을 통해 가치를 창출할 수 있게 하는 비즈니스로 정의함. 이를 위해 플랫폼은 구성원 간 상호작용을 가능하게 하는 개방적인 참여 인프라를 제공하고 관리 조건을 설정함.

플랫폼 생태계의 구성요소

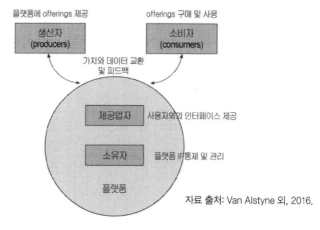

자료 출처: Van Alstyne 외, 2016.

좌충우돌 **창업경영 오픈소스**

▶ 플랫폼은 다양한 형태로 존재하지만, 소유자(owner), 제공자 (providers), 생산자(producers), 소비자(consumers)로 구성된 생태계를 형성하고 있다는 점에서 기존 산업과 동일한 구조를 가짐(Van Alstyne 외, 2016).

▶ 최근에는 모바일, IoT, 빅데이터, 인공지능과 같이 정교해진 IT기술의 스마트한 발달로, 시간과 공간의 한계를 뛰어넘어 생산자와 소비자를 신속하고 정확하게 매칭시키는 것이 수월해졌음.

▶ 전통적인 비즈니스는 제품 및 서비스의 제조에서 판매를 거쳐 소비자에 이르는 선형적인 단계를 거치면서 가치를 창출하는 선형 가치 사슬(linear value chain)의 구조를 띠지만, 플랫폼 비즈니스에서는 생산자와 소비자, 플랫폼 간의 복합적인 관계를 통해서 가치(complex value chain)가 창출된다고 봄.

▶ 플랫폼은 전통적인 게이트키퍼의 역할을 시장의 피드백으로 대체함으로써 서비스의 신속성과 효율성을 확보하고, 번들링 효과를 제거하여 소비자들의 개별적인 선택을 가능하게 함.

▶ 또한, 개인 참여자들의 확대를 통한 공급 방식의 변화로 기존 파이프라인 모델에서의 물리적 자산 관리 비용 및 거래

비용을 감소시키면서 새로운 가치를 창출함. 이 과정에서 데이터 기반 피드백을 활용하여 서비스의 범위를 확대하고, 기존의 파이프라인 비즈니스 수준의 품질을 유지시키는 장점이 있음(Parker 외, 2016).

플랫폼의 역할

역할 구분		내용
gatekeeper 제거	작동 방식	- gatekeeper의 역할을 시장의 피드백으로 자동으로 대체 - gatekeeper에 의한 bundling 효과 제거
	이점	- 신속성 확보 - 효율성 확보(노동비용 절감) - 소비자에 개별선택 가능
새로운 가치 창출의 원천 및 공급	작동 방식	- 개인 참여자들의 참여 확대 - 공급방식의 변화(수요자가 공급자로)
	이점	- 자본 및 물리적 자산 관리 비용 절감 - 거래비용 감소(평판시스템, 보험계약)
데이터 기 반 피드백 과정	작동 방식	기존의 감시·관리를 통한 통제 과정이 사용자들의 피드백으로 대체
	이점	품질 유지와 범위 확대 가능

02
플랫폼 비즈니스

▶ 산업별로 플랫폼 비즈니스 모델을 적용하고 있는 회사들을 살펴보면, 초기에는 IT기술과 관련된 운영시스템, 커뮤니케이션 및 네트워킹 서비스, 게임, 미디어 부문을 중심으로 전개되던 플랫폼 모델 등이 이제는 교육, 운수, 여행뿐만 아니라 에너지 및 중공업 부문에서도 광범위하게 적용되고 있음.

산업별 플랫폼 비즈니스 적용 사례

산업	기업(예시)
농업	John Deere, Intuit Fasal
커뮤니케이션 및 네트워킹	LinkedIn, Facebook, Twitter, Tinder, Instagram, Snapchat, WeChat
소비재	Philips, McCormick Foods FlavorPrint
교육	Udemy, Skillshare, COursera, edX, Duolingo
에너지 및 중공업	Nest, Tesla Powerwall, General Electric, EnerNOC
파이낸스	Bitcoin, Lending Club, Kickstarter
헬스케어	Cohealo, SimplyInsured, Kaiser Permanente
게임	Xbox, Nintendo, Playstation
노동 및 전문가서비스	Upwork, Fiverrr, 99designs, Sitercity, LegalZoom
로컬 서비스	Yelp, Foursqure, Groupon, Angie's List
로지스틱스 및 배달	Munchery, Foodpanda, Haier Group
미디어	Medium, Viki, YouTube, Wikipedia, Huffington Post, Kindle Publishing
운영시스템(OS)	iOS, Android, MacOS, Microsoft Windows
소매	Amazon, Alibaba, Walgreens, Burberry, Shopkick
운수	Uber, Waze, BlaBlaCar, GrabTaxi, Ola Cabs

자료 출처: Parker, Van Alstyne, and Choudary(2016).

▶ 플랫폼 비즈니스 모델의 확산은 궁극적으로 ① 자원의 통제 (control) 관점에서 다양한 자원의 조율(orchestration) 관점으로 전환, ② 내부 자원의 최적화(internal optimization)에서 외부와의 상호 작용을 통한 네트워크 효과의 제고, ③ 고객 가치 중심에서 생태계 가치(ecosystem value) 중심으로 전환의 필요성을 부각시키고 있음.

▶ 또한, 기업들은 이러한 변화에 적절히 대응하기 위해서 기업 전략에서부터 운영, 마케팅, 생산, R&D, 인적자원 관리 전반의 변화를 모색할 필요가 있음.

▶ Van Alstyne 외(2016)는 플랫폼 비즈니스의 성공적인 안착을 위해 고려해야 할 체크리스트로 다음과 같은 사항을 선정하였음.
  ① 생산자와 소비자 간의 상호작용이 원활히 작동하여 네트워크 효과를 견실하게 유지하고 있는지(interaction failure).
  ② 정보 공유 및 재구매 등과 같은 네트워크 효과를 고양시키는 활동에 구성원들이 적극적으로 참여하고 있는지 (engagement).
  ③ 생산자와 소비자 간에 적합한 연결이 이루어지고 있는지 (match quality).
  ④ 부정적인 피드백 루프를 발생시키는 문제들이 무엇인지

(negative network effects) 등을 지속해서 모니터링할 필요가 있음.

⑤ 또한 플랫폼의 재무적 가치에 대해 이해할 필요가 있다고 지적함.

▶ 상기 내용을 다시 정리하면 ① 상호작용, ② 참여유도, ③ 연결고리, ④ 모니터링으로 핵심어를 요약할 수 있음.

▶ **따라서 플랫폼 비즈니스 모델은 내부자원 통제 중심의 기존 비즈니스 모델에 비해 보다 다양화된 생산자와 소비자의 자원들을 효율적으로 조율하고 최적의 조합을 찾아냄으로써 가치를 창출하는 비즈니스 모델이 되어야 함.**

▶ 활동의 방향이 소비자로만 향하는 단방향이 아니라 생산자, 소비자, 제공업자 등의 피드백 루프로 얽혀있는 생태계라는 점에서 제반 문제를 인식해야 함.

▶ 특히 외부 혁신과 이질적인 자원들을 어떻게 재조합하고 특별한 네트워크 효과를 구축할 것인지, 기존 생산 자원의 강점을 최대한 살릴 수 있는 효과적인 플랫폼을 어떻게 구축할 것인지에 관해서 고민할 필요가 있음.

03
거점배송 사례(프레시코드)

▶ 프레시코드는 2016년 10월에 론칭한 샐러드 거점배송 플랫
폼 스타트업으로, '샐러드도 충분히 한 끼 식사가 될 수 있다'
라는 생각과 신선식품 거점배송이라는 아이디어로 론칭하여
2년 만에 연 매출 10억 원이라는 성과를 달성함.

▶ 프코스팟을 통한 비용 절감·효율성 제고
: 프레시코드는 오프라인 매장에서 판매하는 고비용 접근 방
식 대신 회사, 코워킹 스페이스, 거주지, 카페, 병원, 헬스장
등의 핵심 고객층을 중심으로 '프코스팟'이라는 거점 배송
지를 확보하고 정해진 장소, 정해진 시간에 샐러드를 무료
로 배송함.

자료 출처: 해당 홈페이지.

좌충우돌 **창업경영 오픈소스**

▶ 택배 업체를 이용하지 않고 직원들이 직접 사륜차로 샐러드를 배송해 가격경쟁력과 시장점유율을 높이고 있음. 프로스팟은 5명 이상이 함께 샐러드 정기 배송을 신청하면 지정되고, 일단 프로스팟으로 지정된 이후에는 1명만 개별 주문해도 프로스팟 내 정해진 픽업 장소로 무료 배송됨.

▶ 프로스팟은 입주 고객만 사용할 수 있는 '프라이빗 프로스팟'과 누구나 해당 장소에서 자유롭게 샐러드를 픽업할 수 있는 '퍼블릭 프로스팟'으로 나눔.

▶ 퍼블릭 프로스팟은 카페나 피트니스 시설 등 캐주얼한 장소에 지정되는 경우가 많아서 더욱더 쉽고 편하게 이용할 수 있음. 실제로 퍼블릭 프로스팟으로 지정된 이디야 강남 지하상가점은 커피를 주문하면 픽업한 샐러드를 매장 내에서 먹을 수 있음.

▶ 론칭 당시 3곳으로 시작한 프로스팟은 2019년 2월을 기준으로 250곳을 돌파했으며, 누적 요청 건수는 약 2,000건을 넘었음. 누적 회원 수는 2만 3,000명 이상이며 누적 판매량은 약 16만 개, 재주문율은 60.35%인 것으로 알려짐.

▶ 정유석 대표는 "자연스럽게 공동구매가 이뤄지는 프로스팟

의 특성 덕분에 광범위한 고객 접점 확보는 물론이고 바이럴 홍보 마케팅 효과까지 거둘 수 있었다."라며 "올해까지 서울·경기 지역 내 1,000곳, 내년까지 3,000곳으로 프코스팟을 확장하는 것이 목표다."라고 말함.

▶ 프코런치로 커뮤니티 효과

: 프코스팟이 처음으로 론칭된 곳은 코워킹 스페이스(co-working space)임. 코워킹 스페이스란 일종의 공유사무실로, 다양한 분야에서 독립적인 작업을 하는 사람들이 한 공간에 모여서 서로의 아이디어를 공유하고 협업할 수 있도록 조성된 공간을 의미함.

▶ 대표적인 국내 코워킹 스페이스인 위워크와 패스트파이브 등이 프코스팟으로 지정된 이후 입주자들을 대상으로 하는 '프코런치(프레시코드 회원들이 점심에 샐러드를 함께 먹는 것)'가 생겨났음.

▶ 프코스팟에 샐러드 배송을 신청한 입주자들이 점심시간에 모여 함께 샐러드를 먹으면서 커뮤니티를 형성했음. 처음에는 일회성으로 그칠 줄 알았던 프코런치는 최근까지 300회 이상 진행되었음.

▶ 횟수와 규모가 점차 커지면서 기업이 프코런치를 열어 기업 설명회를 하거나 연사를 초청해 강의를 여는 사례도 생겼음.

▶ 코워킹 스페이스가 아니더라도 일반 회사를 비롯해 퍼블릭 프 코스팟인 카페, 운동센터 등에서도 프코런치를 통해 커뮤니티 가 형성될 수 있도록 다양한 콘텐츠를 접목해 볼 수 있음.

04

비즈니스 모델 분석

생활문화의 발달과 라이프 스타일 변화로 식생활도 빠르게 바뀌고 있습니다. 1인 가정의 확대로 도시락을 이용한 식사 방식이 폭발적으로 늘어나고 있습니다. 비즈니스 모델을 다음과 같은 방식으로 분석해 보겠습니다.

가. 경쟁력 분석(SWOT 분석)

▶ 수제 도시락은 소비자들에게 전달되는 방식에 따라 품질(맛)이 변화될 수 있음. 따라서 수제 도시락의 품질 향상을 위해 식재료와 더불어 용기 등 배달 방식에 대한 연구가 필요할 것으로 보임.

▶ 수제 도시락을 예약 배송하는 플랫폼 비즈니스를 영위하기 위한 구성요소는 ① 수제 도시락을 생산 및 판매하는 회원 기업체, ② 고객이 모바일을 이용하여 도시락을 선택하고 주문 및 결재하는 플랫폼, ③ 도시락을 배송하기 위한 용기와 포장박스로 나눌 수 있음.

▶ 이러한 비즈니스와 관련하여 SWOT 분석의 결과를 요약 하면 다음과 같음(실제 사례를 바탕으로 분석과정을 보여주기 위해 각색함).

- 강점 요인으로 대표자의 도시락 업계의 근무 경력과 노하 우 확보를 들 수 있으며, 대표자는 이미 도시락 주문 판매 경험이 있고 생산 공간을 확보하고 있음.

- 약점 요인으로 창업기업의 공통적인 애로사항인 플랫폼 개 발 및 가맹 업체를 발굴을 위한 운전자금이 부족하다는 점 을 꼽을 수 있음. 특히 플랫폼 비즈니스의 성격상 안정화 단계까지는 시간이 필요하며 도시락 용기 및 배송 박스를 자체 개발 및 제작하여야 함.

- 외부 환경의 기회 요인을 보면, 국민의 생활 수준의 향상으 로 다양한 도시락 문화가 형성되고 있으며, 도시락 매장을 중심으로 일상적인 식생활로 자리를 잡고 있음.

- 위기 요인을 보면, 동사의 플랫폼을 도시락 시장에 인식시 키고 가맹업체를 발굴하는 것이 다소 어려울 수 있으며, 기 존의 도시락 업체와 경쟁해야 한다는 어려움이 있음.

SWOT 분석

내부 역량	
강점 요인(Strengths)	약점 요인(Weaknesses)
- 대표자가 도시락 업계에서 다년간 근무 - 플랫폼 비즈니스에 대한 이해와 경험 - 제품 연구개발 및 생산 능력 확보 - 도시락 주문 판매로 판매 경험 기 확보 - 제조시설 및 공간 확보(용기 제작 별도)	- 창업경영 운전 및 시설 자금 부족 - 경영 및 마케팅 실행 역량 부족 - 가맹 회원을 확보하기 위한 노하우 - 플랫폼 구축 및 용기 개발 외주 의뢰 - 비즈니스의 확충 및 지속성 유지 등
외부 환경	
기회 요인(Opportunities)	위기 요인(Threats)
- 도시락에 대한 관심 고조 및 문화 형성 - 생활 수준 향상으로 다양한 취향 개발 - 도시락 매장을 중심으로 식문화 발전 - 기능적 만족 이상의 가치 제공 기대 - 소가족 중심의 음식배달 문화의 발달	- 플랫폼 인지도 부족으로 진입 장벽 - 도시락 사업의 경쟁 심화 및 변화 - 도시락 매장 기반의 영업망 부재 - 다양한 도시락 중에서 단체 예약 중심 - 다수의 도시락 가맹점이 이미 존재함

좌충우돌 **창업경영 오픈소스**

사업전략 선택

전략적 시사점	내부 강점(S)	내부 약점(W)
외부기회(O)	사업강화전략(SO)	**사업보강전략(WO)**
	고려 (Considered)	**추천 (Recommended)**
외부위협(T)	경쟁대응전략(ST)	내부혁신전략(WT)
	고려 (Considered)	회피 (Avoided)

▶ 따라서 현재로서 가장 바람직한 방법은 기업의 사업을 보강하는 전략(WO)을 선택하는 것이 급선무이며, 이를 위해서는 세밀한 비즈니스 모델을 개발하고 모바일 플랫폼이 사용자 경험(UX)을 토대로 구축되어야 함.

05

마케팅 분석

가. 제품 3C 분석

창업 및 신규 사업을 설계하기 위해서는 먼저 3C 분석을 하는 것이 필요합니다. 3가지 'C'는 'Customer(고객)' 또는 'Consumer(소비자)', 'Competer(경쟁자)', 'Company(자사)'를 말합니다.

▶ 수제 도시락 플랫폼의 고객들은 일반 도시락 소비자뿐만 아니라 가맹회원 기업이 될 수 있으며, 플랫폼을 통해 이들 가맹회원 업체에게 실질적 효용을 제공하는 것이 필요함.

▶ 가맹회원 기업에게 줄 수 있는 효용으로는 가맹회원에 대한 광고 및 이들이 편리하게 주문 및 배송을 수행할 수 있는 도시락 용기 및 포장박스를 제공하는 것 등을 들 수 있음.

3C 핵심 분석 요소

3C	요소	주요 내용
Customers (고객/시장)	시장 규모 시장 성장률 시장 성숙도	- 시장 규모가 충분한가? - 성장 가능성이 높은가? - 시장 성숙도는 어느 정도인가?
Competers (경쟁사)	경쟁 강도 경쟁자 현황 진입 장벽	- 현 시장의 경쟁은 치열한가? - 경쟁사들의 핵심 경쟁력은 무엇인가? - 새로운 경쟁자가 진입할 가능성은?
Company (자사)	기업 비전 기업 역량 기업 자원	- 기업의 비전에 부합하는 사업인가? - 인적, 기술적 역량이 충분한가? - 자금 등 기업의 자원은 충분한가?

나. 제품 4P Mix 분석

4P Mix 분석 요소

4P Mix	분석 구성 요소		비고
제품(Product)	- 제품의 종류 - 디자인 - 브랜드 - 규격/크기	- 품질/품질보증 - 특징 - 포장 - A/S	플랫폼 도시락 용기
가격(Price)	- 제조원가 - 가격 유연성 - 타제품 가격 - 중개 수수료	- 할인가격 - 가격 민감성 - 결재방식/결재기간	회원 수수료
유통(Place)	- 지역/범위 - 유통/배송	- 재고관리 - 물류관리	배송업체
판촉(Promotion)	- 홍보/광고/PR - 직접 마케팅	- 판매촉진 - 온라인 판촉	SNS 홍보

▶ 플랫폼 비즈니스는 플랫폼이 사용자경험(UX)을 토대로 형성되어야 하며, 세심한 빅데이터 분석 및 알고리즘을 통해 가맹회원에게 적절한 서비스를 제공하여야 함.

▶ 가맹회원 기업은 플랫폼에 참여함으로써 광고효과도 얻고, 판매제품의 신용도도 확보한다면 일거양득이 될 것이며, 더불어 적합한 도시락 용기와 배송 박스를 확보하여 고객 만족을 얻을 수 있도록 해야 함,

▶ 향후 판매 계획량 및 매출 실적을 가맹회원 기업체의 수를 기반으로 다음과 같이 추정하여 산정해 볼 수 있음.

회원 수 및 매출액(사례)

구분	연도(단위: 개, 백만 원)			
	2020년	2021년	2022년	2023년**
가맹 회원	1,000	2,000	3,000	6,000
월 매출액	50	100	150	300
연 매출액	150	1,200	1,800	3,600

※ 가맹회원의 월 회비 5만 원 적용, 1차 연도인 2020년은 3개월 수입,
※※ 2023년부터 글로벌 진출 수출 추진 예정.

▶ 따라서 연도별 매출액과 인건비 지출 예상액은 다음과 같이 산정할 수 있음.

매출액 및 인건비(사례)

구분	연도(단위: 명, 백만 원)			
	2020년	2021년	2022년	2023년
매출액	150	1,200	1,800	3,600
매출원가	120	960	1,440	2,880
영업이익	30	240	360	720
종업원 수	1명	3명	5명	7명
인건비	9	108	216	360

※ 인건비 월 2.5백만 원으로 산정.

▶ 개발한 도시락 용기에 대한 특허는 보호하는 방안을 다음과 같이 강구할 필요가 있음.
　① 특허 제품을 보호하기 위해서 적절한 특허 권리 범위를 구축함.
　② 제품 개발 기술을 적극적 시리즈 출원하여 특허 장벽을 구축함.
　③ 타사의 공개된 특허를 모니터링하여 적절한 권리 행사를 시행함.

④ 취득 특허를 통해 추가 제품 인증을 받고 홍보 수단으로 활용함.

⑤ 특허 분쟁이 발생할 경우 전문가의 도움으로 적극적으로 대응함.

▶ 특히 도시락 용기 및 배송 박스는 수제 도시락의 맛과 모양을 유지할 수 있는 기본적 기능을 제공하는 것이 필요함.

06
사업화 구현

창업을 처음 하는 창업자는 이미 자신만의 창업 아이템을 가지고 있는 경우가 일반적입니다. 즉, 창업자는 이미 관련 지식(기술)이나 경험을 가지고 있기 때문에 이것이 창업 동기로 작용합니다. 더불어 창업자는 창업 관련 정부 정책에 더 많은 관심을 가지고 창업을 준비하게 됩니다.

가. 기초정보 탐색

▶ 소비재 산업, 실버산업 등 대부분의 산업은 전국 또는 지역의 인구 및 가구 통계자료가 중요한 기초 자료로 활용됨.

▶ 식생활 문화의 변화 관계를 확인하고, 도시락을 이용하는 연령대, 단체주문 예상 환경을 파악하기 위해서 통계청의 국가통계포털사이트(http://www.kosis.kr)에 접속하여 '주제별 통계' 항목 중 '인구/가구' 등의 자료를 조회함.

  ▶ 예를 들어, 국가통계포털사이트 '인구/가구'에서 ① 인구총조사, ② 인구동태, ③ 인구이동, ④ 추계 인구 및 가구,

⑤ 생명표, ⑥ 주민등록인구통계 자료 등을 얻을 수 있음.

▸ 도시락 산업은 다양하게 변화되고 있음. 도시락 전문매장, 백화점, 편의점, 대형마트 등에서 신제품이 증가하고 있고, 친환경, 유기농 프리미엄 수제 도시락 등이 인기를 얻고 있음.

▸ 도시락 주요 브랜드의 매장 수는 ㈜한솥 723개(2018년 기준), 본아이에프㈜ 326개를 넘고 있으므로, 관련 협회 등을 통해 기초정보를 추가 수집할 필요가 있음.

나. 수집 정보 활용

▸ 정보를 수집하는 것은 결국 다음의 사항을 분석하기 위한 것임.

분석 요소

시장성 분석	기술성 분석	수익성 분석
- 전체 시장규모 추정 - 전반적인 시장동향 - 시장 특성 및 구조 - 원가구조 및 추세 - 판매계획의 검토	- 생산시설능력 - 입지조건 및 소요인력 - 원가계획 - 기술적 실현가능성 검토 - 생산방직과 공장	- 매출액 추정 - 매출원가 추정 - 판매관리비 추정 - 영업이익/당기순이익 추정

▶ 시장성 분석은 전체 시장에서 유효시장을 정하고, 창업자가 확보 가능한 시장으로 축소해 나감. 사업의 역량과 여력을 고려하여 자기 시장을 한정하고 개척하는 것이 바람직함.

▶ 기술성 분석은 결국 플랫폼을 구축할 수 있는 능력인데, 플랫폼을 외주업체가 알아서 구축한다고 생각하면 오산임. 플랫폼의 모든 알고리즘과 사용자 경험을 창업자가 모두 기술해 놓아야 함.

▶ 수익성 분석은 추정 매출액에서 매출원가, 판매관리비를 차감한 것으로서 창업 초기에 산정하기는 쉽지 않음. **따라서 추정 매출액의 목표치를 정하고 매출원가의 구성비, 즉 매출액의 80%는 식재료 등으로 소진한다는 목표를 정하고 산정하면 수익 추정이 가능함.**

▶ 매출원가 부분에서는 식재료 외에도 부가적으로 들어가야 할 내용이 많이 있음. 그중에서 큰 비중을 차지하는 것은 인건비임. 인건비는 임금, 복리후생비 등을 모두 포함하는 개념임.

다. 초기 창업자에 대한 코멘트(사례)

(1) 창업 아이템은 최초에는 아이디어 상태입니다. 이를 발전시켜 사업화를 추진하는 단계에서 여러 방법론을 가지고 접근

할 필요가 있습니다.

(2) 정부 지원 사업에 참여하여 표준 사업계획서에 의해 사업계획을 작성해 보는 것은 사업 구체화에서 매우 좋은 방법입니다.

(3) 그리고 자신의 사업화 내용을 비즈니스 모델 캔버스, 린스타트업 캔버스에 적용하여 작성하다 보면 잘 작성되지 않는 빈 공간이 생깁니다.

(4) 이러한 빈 공간은 창업자가 아직 고려하지 못했던 부분에 해당합니다. 창업 팀 구성원 또는 각 공공기관에 소속된 멘토들과 대화를 통해서 채워나가는 것이 필요합니다.

(5) 벤치마킹은 자신의 사업화 내용을 채워나가는 데 아주 좋은 방법입니다.

(6) 우선 가장 비슷한 사업모델을 2~3개 찾아서 이를 정리하면 기 사업의 허점이 보일 수 있습니다. 바로 이러한 허점이 창업자가 찾는 사업화 내용이 될 수 있습니다.

(7) 표준 사업계획서에서 최초로 기술하는 내용은 문제의 인식

입니다. 창업자들은 여러 사유로 인해 기존 산업 환경의 부족한 문제점을 인식하고 이를 창업 아이템으로 활용합니다.

(8) 이러한 측면에서 지식 공유 서비스 플랫폼을 이미 2개 정도 논의하였는데, 이를 매우 의미가 있는 성과를 얻을 수 있습니다.

(9) 처음 사업계획서를 작성할 때는 많은 부분에서 부족할 수 있으나, 실망할 필요는 없습니다. 사업계획서는 자꾸 발전시키는 하나의 과정에 불과합니다.

(10) 정부 지원 사업은 연초(2월~3월)부터 계속 발표가 나고 있습니다. 창업자의 연령이 39세 이하라면 우선 창업성공 패키지(청년창업사관학교)에 도전하는 것이 필요합니다.

(11) 정부 지원 사업은 예비 창업 패키지, 초기 창업 패키지 등으로부터 시도해 보는 것을 권해드립니다. 첫 시도에서 채택(합격)이 되면 좋겠으나, 두 번째, 세 번째 시도에서 채택(합격)되어도 늦지 않습니다.

(12) 이러한 정부 지원 사업은 연초 첫 번째 공모 때 지원하는 것이 좋습니다. 경쟁률이 다소 셀 수 있으나 연내 추가 공

모에 또 시도해 볼 수 있습니다.

(13) 이러한 정부 지원 사업을 여러 번 지원하다 보면 미리 작성
된 사업계획서의 많은 부분이 보강되고, 사업화에 대한 자
신의 장단점이 파악할 수 있습니다.

(14) 창업자들을 위한 많은 교육연수 프로그램이 있습니다. 이
러한 교육을 이수한 경력을 활용할 수 있습니다.

(15) 정부주관 창업경진대회들도 많이 있으나, 연령이 좀 있는
창업자들은 직접 작은 규모의 사업화를 추진하여 시장을
분석하면 더욱 유용할 수 있습니다.

07

정부 지원 사업

창업자가 39세 이하인 경우, 창업성공 패키지 지원 사업 중 청년창업사관학교 사업화 지원 내용이 유용하여 이를 소개합니다.

▶ 예비 창업 패키지와 달리 창업성공 패키지의 청년창업사관학교는 사업화 지원을 통해서 창업자의 창업을 성공시키겠다는 의지가 있는 것임.

▶ 따라서 신청서 및 사업계획서 작성은 이러한 믿음을 뒷받침할 수 있는 사업화의 진정성과 신뢰성을 보여야 할 것임.

가. 사업화 개요

▶ 신청서와 사업계획서에 창업자의 ① 일반현황, ② 사업화 과제 개요를 요약하여 작성함.

▶ 신청서의 사업화 과제 개요는 다시 ① 사업화 과제 소개, ② 사업화 과제 차별성, ③ 국내외 목표시장으로 구분하여 작성

하게 됨.

▶ 사업화 과제 소개는 핵심적인 사업화의 내용, 주요 소비자 등
의 내용을 중심으로 간략하게 기재함. 수제 도시락 주문배
달 플랫폼 입장에서 다음과 같이 기술해 봄.

나. 사업화 내용

▶ 창업성공 패키지(청년창업사관학교)의 자부담금이 30%인 경우,
소요자금 계획을 정부 지원금 98백만(70%) 원, 자부담금 현금
14백만(10%) 원, 현물 28백만(20%) 원으로 산정할 수 있음.

▶ 사업화의 차별성은 다음과 같음.
① 소비자에게 제공되는 고품질 수제 도시락(제품)임.
② 소비자의 주문을 디테일하게 소화할 수 있는 O2O 주문
플랫폼임.
③ 지역의 영세한 자영업자들과 연계한 공유경제를 지향하
고 있음.
④ 지원 사업을 통해 플랫폼 구축 및 신선 배달을 위한 전용
용기와 박스를 개발하고자 함.

좌충우돌 **창업경영 오픈소스**

▶ 청년창업 패키지와 더불어 고려할 수 있는 지원 사업은 초기 창업 패키지임.

▶ 초기 창업 패키지는 창업 3년 이내 초기 창업기업에 대해 사업화 자금을 지원하는 것임. 창업 아이템을 검증하는 다양한 특화 프로그램이 운영됨.

▶ 특히 사업화의 원활한 진행을 위해서 다음과 같은 사항이 지원됨.
① 마케팅, 인증, 재무회계, 지적재산권 보호 등을 지원하는 프로그램.
② 초기 창업기업의 투자유치 역량을 강화하기 위한 교육 및 IR 지원 프로그램이 작동됨.

▶ 정부 지원자금의 10% 이상을 대응자금(현금 8% 이상, 현물 2% 이하)을 투자하는 조건이며, 주관기관은 창업지원 인프라(공간, 인력, 장비 등)를 제공하도록 하여 초기 창업기업의 안정화를 지원함(사업내용은 변경될 수 있음).

참고 문헌 및 사이트

- 경기도(2019), 『2019 경기도 중소기업 지원시책』, 경기도.
- 김민성(2018), 『스타트업 투자유치 마스터링』, IT동아.
- 김상민(2018), 「디저트 카페의 지각된 가치가 재방문 의도에 미치는 영향」, 호서대학교 벤처대학원.
- 김학선 외(2019), 「의미연결망 분석을 활용한 디저트 인식에 관한 연구」, 한국조리학회.
- 박다형(2019), 「지역형 디저트 관광상품 개발을 위한 기초연구」, 청주대학교 산업경영대학원.
- 박영주, 최원재(2018), 「유니버설디자인을 고려한 디저트 용기 디자인 연구」, 한국디자인학회.
- 중소벤처기업부(2018), 『2018 창업 지원 사업』, 중소벤처기업부.
- 중소벤처기업부, 중소기업진흥공단(2018), 『중소기업 재도전 지원제도』, 인투디자인.
- 중소벤처기업부(2019), 『2019 정부 창업지원 사업 통합공고』, 중소벤처기업부.
- 안광호, 하영원, 박흥수(2011), 『마케팅 원론』, 학현사.
- 유병희(2019), 「디저트 소비 경험 척도 타당성 검증에 관한 연구」, 외식경영학회.
- 이경남(2016), 「플랫폼 비즈니스의 개념 및 확산」, 동향.

- 국가통계포털사이트(http://www.kosis.kr/)

- 경기신용보증재단(https://www.gcgf.or.kr/)

- 경기도경제과학진흥원(https://www.gbsa.or.kr/)

- 기술보증기금(https://www.kibo.or.kr/)

- 기업마당(https://www.bizinfo.go.kr/)

- 식품외식경제(http://www.foodbank.co.kr/)

- 신용보증기금(https://www.kodit.co.kr/)

- 중소기업 기술개발사업 종합관리시스템(http://www.smtech.go.kr/)

- 창업진흥원(https://www.kised.or.kr/)

- 한국콘텐츠진흥원(http://www.kocca.kr/)

- K-Startup(중소벤처기업부, https://www.k-startup.go.kr/)

- SocialBlade(https://socialblade.com)

PART 3

자금 조달
(전자 안마기 제조)

❓ 창업자 질의 사항

Q 특정 부위를 위한 전자자동 안마기를 생산하여 판매하고자 합니다. 그런데 과거 보증 기관에 못 갚은 채무가 아직 남아있습니다. 창업 자금 조달이 가능한가요?

A 창업 아이템으로 전자자동 안마기 제조업이 인기가 있는 것 같습니다. 종래의 안마기는 운동성 재활이나 중장년층 사용으로 그 영역이 한정되었습니다. 그러나 이제는 혈액순환, 수면장애 등의 신체적 불편을 해소하는 새로운 개념의 안마기가 등장하고 있습니다. 안마기는 일반적으로는 전자적 방식으로 작동하여 인체의 스트레스 및 통증을 완화하는 기기로 사용됩니다.

창업자께서는 기존 사업을 경영할 때 보증기관을 이용하였고, 현재 재창업을 진행하시는 것 같습니다. 창업의 초기 및 성장단계에서는 외부 자금 조달이 필수적입니다. 적기에 투자유치를 하면 좋지만, 이 또한 녹록한 상황은 아닙니다. 자금 조달은 정부 지원자금, 정책융자자금, 투자유치자금, 연구개발자금 등으로 나눌 수 있습니다. 이 장에서는 창업자가 보증기관 등을 이용하여 정책융자자금을 추진할 때 알아야 하는 내용을 설명합니다.

01

일반 현황

창업자가 자금을 조달하는 방법은 정부 지원자금, 정책융자자금, 투자유치자금, 연구개발자금 등이 있습니다. 초기 창업자들의 경우는 정부 지원자금에 관심이 많습니다. 정부 지원자금은 상환의 의무가 없는 무상 지원자금입니다. 무상이라는 뜻은 정부 사업에 부합하는 창업을 수행하고 관련 지출내역을 보고한다는 뜻입니다. 그러나 무상이라고 해서 창업자 개인의 인건비로 지출할 수 있는 것은 아닙니다. 즉, 창업자 개인의 인건비는 관련 정부 사업에 현물투입으로는 인성되나, 관련 정부 사업의 지출내역에 포함되어서는 안 됩니다. 정부 사업의 지출은 주관기관의 지침에 따라야 합니다.

▶ 정부정책 수행을 위한 지원자금은 대출해 주는 방식의 '융자자금'

▶ 연구 및 기업개발 과제를 수행하는 주관기업에 반대급부 없이 지원해 주는 '출연자금'

▶ 창업 활성화 등 정부나 지자체가 공익적 사업을 지원하기 위해 지원해 주는 '지원자금'

▶ 창업투자회사 등을 통해 기업의 주식 또는 회사채를 인수하는 방식으로 자본의 일부를 현금이나 현물의 형태로 제공하는 '투자자금'으로 표현할 수 있음.

가. 정부 지원 사업

정부 지원 사업은 스타트업의 창업 촉진 및 일자리 창출을 위해서 창업자를 지원하는 창업교육, 창업시설 및 공간, 멘토링 등의 컨설팅, 정책자금, R&D, 판로 개척, 해외 진출 등을 통칭합니다.

▶ 수행기관은 창업진흥원, 소상공인시장진흥공단, 중소벤처기업진흥공단, 중소기업기술정보진흥원, 각 광역자치단체의 진흥원으로 나눌 수 있음.

▶ 먼저 정부 지원 사업의 목적을 정확하게 인지하는 것이 필요하며, 지원 사업이 기술 개발 영역과 제품 특성, 창업 연한 및 연령, 성별에 맞는지 파악하고 도전해야 합격할 확률이 높음.

▶ 예를 들어, 만 39세 이하이고 창업 후 3년 이내의 기업이라면 '청년창업'에 맞는 지원 사업을 찾는 것이 좋으며, 청년(39세)과 중장년(40세 이상)이 팀을 구성한 경우라면 세대융합 창

업캠퍼스 사업에 도전하는 것이 좋음.

▶ 창업에 실패한 경험이 있는 창업자들에게는 재도전 패키지가 준비되어 있으며, 여성 창업자라면 여성을 위한 전문 특화사업 지원 사업에 도전하면 유리함.

▶ 기술개발 지원 사업은 총 13개 세부사업을 나누어 운영함. 4차 산업혁명 과제라면 창업성장 기술개발 지원 사업 중 '디딤돌 창업과제'에 도전하면 좋음. 정부 출연금 비중은 80% 이내이며 최대 1년에 1.5억 원까지 지원됨.

▶ **따라서 전년도에 수요 조사에 응했던 기업은 우대를 받을 수 있으니, 적극 공모 방식에 참여하는 것이 필요함.**

나. 청년 창업자

창업자들이 가장 관심 있는 자금은 '지원자금'으로 자신의 상황에 맞게 받는 것이 좋습니다. 창업 공간 또는 사업화 지원을 위해 창업 전이나 사업 개시 1년 이내에 조달하는 자금으로 적합합니다.

▶ 시제품 개발 완료 후에는 보증기관 등 정책수행기관을 통한 '융자자금'으로 자금을 조달하는 것이 좋음.

▶ 중소벤처기업진흥공단(이하 '중진공')의 '청년전용창업' 자금의 경우 2% 고정 금리로 대출 이율이 낮고 1억 원까지 대출됨. 단 대표자가 만 39세 이하로 업력 3년 미만의 중소 및 창업 준비자에 한함(중진공의 내규 확인이 필요함).

▶ 정부 지원 자금을 주는 방식이 실용적으로 변화되는 추세임. 과거에는 사업계획서를 내고 해당 PT를 통해 자금을 바로 지급했으나, 청년 창업 실패율이 증가함에 따라 자금신청을 하면 멘토링을 통해 창업을 조언해 주고, 함께 마케팅 진단, 평가 후 예산을 지급하는 방식 등으로 변함.

▶ 기술지원과제에 '서비스업'이 포함되는 경향이 있음. 서비스업이 일자리 창출에 많은 기여를 한다는 판단이 들어 R&D 사업에 추가되고 있음.

▶ 중소벤처기업부 창업 사업화 지원 사업은 다음과 같은 종류가 있음.
 - 예비 창업 패키지
 - 초기 창업 패키지

- 외국인 기술창업 지원 사업
- 민관공동 창업자 발굴 육성(TIPS 연계지원, 창업기획사)
- 사내벤처 육성프로그램
- 상생서포터즈 청년·창업 프로그램(집중육성)
- 선도벤처연계 기술창업 지원 사업
- 세대융합 창업캠퍼스
- 스마트벤처캠퍼스(구 스마트벤처창업학교)
- 스마트창작터 사업화 지원(2016년)
- 유망특허활용 기술창업지원 사업
- 창업도약패키지 지원 사업(사업화)
- 창업맞춤형사업(실험실창업 지원 사업, 예비기술창업자 육성사업, 창업맞춤형사업화 지원 사업, 연구원특화 예비 창업자 육성사업, 연구원 창업프로그램, 창업 아이템 상품화 지원 사업, 아이디어상업화 지원 사업)
- 창업선도대학 육성사업(예비기술창업자 육성사업, 창업 사업화지원, 창업 아이템 사업화)
- 창업성공 패키지(구 청년창업사관학교)
- 창업인턴제(사업화)
- 크리에이티브팩토리 지원 사업(3단계)
- 재도전 성공 패키지(구 패키지형 재도전 지원 사업)

▶ 가점을 받을 수 있는 정부주관 창업경진대회는 다음과 같이

좌충우돌 창업경영 오픈소스

있음. 따라서 창업자는 창업 아이템을 선정할 때 다음의 가점 사항을 참고하기 바람.

정부주관 창업경진대회(가점사항)

- 인공지능 R&D 챌린지
- 공공데이터 활용 창업경진대회
- 대한민국 창업리그
- 대한민국 디자인 전람회
- 국제로봇콘테스트, R-BIZ 챌린지
- 디스플레이 챌린지
- 세라믹 신기술 아이디어 경진대회
- 바이오코리아 창업 아이디어 경진대회
- 대학생 자율주행자동차 경진대회
- 국제 대학생 창작자동차 경진대회
- 수산 창업경진대회
- 해양산업 오션비즈니스 창업경진대회
- 핀테크 아이디어공모전
- 산림 공공데이터 활용 창업경진대회
- 지식재산 정보 활용 아이디어 경진대회
- 2019 한-핀란드 스타트업 서밋 대학생 아이디어 경진대회(해커톤)

다. 재도전 지원

창업자의 재도전을 지원하는 대표적인 사업이 '재도전 성공 패키지' 지원 사업입니다.

▶ 우수한 재기 (예비) 창업자를 발굴하여 체계적인 교육, 멘토링 및 컨설팅을 통해 사업화 자금을 지원하여 성공적인 재창업을 유도하는 것임.

▶ 예비 재창업자 또는 초기 재창업 3년 이내 기업의 대표자를 지원 대상으로 하며, 중소벤처기업부 K-Startup 홈페이지를 통해 신청이 가능함.

구분	지원 내용
재창업교육	실패원인 분석 등 재창업에 필요한 문제해결형 실무교육
멘토링	분야별 전문가 멘토링 및 컨설팅 지원
사업화 지원	시제품제작, 마케팅, 창업 준비활동 등에 소요되는 사업화 지원
보육지원	재창업자 전용 보육공간 R-Camp(서울, 부산 등)를 통한 입주 지원
연계지원	투자유치 IR, 마케팅, 네트워킹, 국내외 전시회 참가 등 지원

▶ 지원대상 선정절차는 ① 사업계획서 제출, ② 1차 서면평가, ③ 2차 대면평가, ④ 참여자 선정 및 ⑤ 협약 체결 후 창업 사업화를 지원하며, 모든 심사평가는 심의위원회를 구성하여 진행됨.

라. 사전 준비 사항

창업 초기 단계의 지원을 받는 경우를 제외하고 창업한 이후 상당한 시간이 지난 후 자금을 지원받기 위해서는 먼저 기술 인력과 인프라가 일정 수준 이상으로 준비되어 있어야 합니다.

▶ 자금을 지원해 주면 인력을 뽑겠다고 하면 이미 늦은 감이 있음. 정부과제는 과제를 완료해야 하는 기간이 정해져 있으며, 정해진 기한을 맞추어 수익을 창출하려면 활용할 수 있는 개발 인력을 미리 확보하고 있는 것이 유리함.

▶ 사업계획서에는 일관성이 있어야 함. 사업계획서는 앞과 뒤의 내용이 같아야 함. 사업계획서의 앞장과 뒷장에서 설명한 숫자와 근거가 서로 일치하여야 하며, 사업계획서의 스토리는 일관성 있게 연결되어 있어야 함.

융자 자금

정부정책 수행을 위한 융자자금은 보증기관, 즉 지역신용보증재단, 신용보증기금, 기술보증기금 등의 보증서 담보를 통해 금융기관에서 자금이 공급되어지고, 중소벤처기업진흥공단은 직접 자금을 공급하고 있습니다.

▶ 보증기관의 상급기관은 다음과 같이 정리할 수 있음.

보증기관의 상급기관

구분	신용보증기금	기술보증기금	신용보증재단
상급 기관	금융위원회	중소벤처기업부	광역자치단체
대상 기업	중소기업(개인, 법인), 기업단체	신기술사업을 영위하는 중소기업	소상공인, 소기업, 중소기업
보증 한도	30억 원	30억 원	8억 원
보증 심사	사업성과 안정성	사업성과 안정성	사업성과 안정성
보증 제한	사치성, 오락사업	좌동	귀금속판매업 등
근거 법령	「신용보증기금법」	「기술보증기금법」	「지역신용보증재단법」

▶ 보증 상담 및 신청을 위해서는 다음의 자료가 필요함.

보증 상담 및 신청 시 필요 자료

구분	신용조사 자료	고객 협조사항
대법원 등기자료	- 법인등기사항전부증명서(舊 법인등 기부등본) - 부동산등기부등본	신보에 소유부동산 소재지 고지
행정정보	- 주민등록등·초본, 지방세납세증명 - 사업자등록증명 - (국세) 납세증명, 납부내역증명	대표자 본인 등이 행정정보 이용에 동의
국세청	부가세과세표준증명 등	홈택스(Hometax)에 발급신청 후 신보에 문서발급번호 통지
금융거래 정보	전자금융거래확인서	금융거래확인서 제공에 동의
세무회계	- 매입·매출처별 세금계산서 합계표 - 재무제표(최근 3년)	회계(세무)사무실 및 고객이 신보에 자료 전송
기타	주주명부, 임대차계약서(사업장, 거주주택) 사본	예비조사 시 Fax로 주주명부 등 제출

▶ 정책융자자금은 이차보전 또는 보증지원 차원에서 조달하는 것으로, 보증기관의 보증서를 발급받아 은행 대출을 받는 경우에서는 ① 자기자본의 3배 이내이고, ② 연간 매출액의 1/3 또는 1/4 내에서 운영하게 되므로 자기자본(자본금+잉여금) 확보에 유념하여야 함.

03
투자유치 자금

창업자들이 투자유치를 준비할 때 자신의 업력과 상황, 성향, 필요한 자금 규모 등에 상관없이, 열에 아홉은 VC(벤처캐피털)부터 알아보곤 합니다. 투자자는 아래와 같이 구분할 수 있습니다.

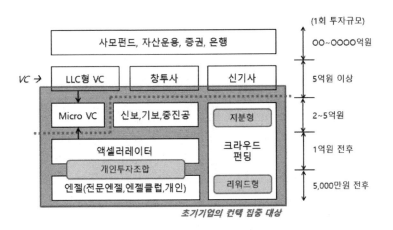

가. 엔젤투자자

▶ 한국벤처투자에서 엔젤투자 매칭 펀드를 운영하고 있고, 엔젤투자자자로부터 유치한 금액의 최대 2.5배수(기업 당 1회, 최대 2억 원 이내)까지 추가 유치 가능함(가령 엔젤투자자 A로부터 5천만 원을 투자유치한 경우, 최대 2억 원을 추가로 유치할 수 있음).

▶ 엔젤투자자도 '전문엔젤', '적격엔젤', '엔젤클럽', '개인투자조합', '일반 개인' 등으로 나뉘고, 각각 매칭 펀드를 신청할 수 있는 자격과 조건이 다르며, 매칭 가능 투자 규모도 각각 다름.

▶ 창업자나 스타트업이 엔젤투자자를 만나고 싶어도 방법을 모른다면 '엔젤투자지원센터(kban.or.kr)'가 도움이 됨. 위에서 언급한 엔젤투자 매칭 펀드와 관련된 다양한 정보도 확인할 수 있음.

나. 액셀러레이터

액셀러레이터는 스타트업을 육성하도록 위탁받은 기관입니다. 민간 액셀러레이터들은 개인투자조합을 추진하는 경우가 있습니다. 개인투자조합이란 엔젤투자에 의향이 있는 개인들이 모여 펀드 형태로 재원을 모집하고, 투자 전문성을 가진 개인이 합류함으로써, 엔젤투자의 질적, 양적 확대를 기대하는 엔젤투자형태라고 볼 수 있습니다.

▶ 어느 정도 규모의 개인투자조합을 보유한 액셀러레이터 및 전문엔젤투자자를 '개인투자조합형 마이크로VC(Micro VC)'라 함.

다. 투자형 정책자금

신용보증기금, 기술보증기금, 중소벤처기업진흥공단(이하 '중진공')에 대한 일반적인 인식은 대출보증 및 융자자금인데, 이 기관들도 직접 투자를 진행하고 있습니다. 신보와 기보의 경우 2016년을 기준으로 양 기관 합계 보증연계투자를 연간 750억 원 정도 집행했고, 향후 그 규모가 더욱 확대될 것으로 예상됩니다.

▶ 보증연계투자란 보증지원 기업에 대해 이후 성장성과 잠재력을 중간 평가해 직접 투자까지 진행하는 걸 말함.

▶ 보증연계투자 외에도 '투자옵션부보증'이라고 해서, 보증을 투자로 전환할 수 있는 보증지원 사업이 2016년부터 시작되어, 기관별로 연간 약 300억 원씩 집행되고 있다는 점도 주목할 만함.

▶ 중진공은 대출과 투자요소를 결합한 성장공유형대출을 시행하고 있는데, 2017년 400억 원에서 올해에는 600억 원 규모로 확대됐음. 기업이 발행하는 전환사채(CB)를 중진공이 인수하고, 투자기간(최대 7년 이내) 중 IPO가 가시권에 들어올 만큼 성장세를 보이는 경우 보통주로 전환하는 것으로 알려져 있음.

▶ 정책자금 집행기관은 스스로를 마중물 역할이라고 말함. 엔젤과 벤처캐피털 간격 사이에서 투자유치를 못 해 자금 확보가 어려운 우수기업에 모험자본을 투입하는 역할을 자처한다는 의미임.

라. 밴처캐피털

최근 통계를 보면, 창업투자회사(이하 '창투사')는 120개(한국벤처캐피털협회), 신기술금융회사(이하 '신기사')는 82개(여신금융협회)이고, 이 중 펀드를 보유한 유한책임회사(LLC)는 24개가 등록되어 있습니다. 2017년경에 창투사는 총 1,266개 기업에 약 2.4조 원을 투자 집행했고, 신기사는 2017년 6월까지 318개 업체에 6,984억 원을 투자 집행했음.

▶ 창업자(스타트업)가 기억해야 할 건, VC는 투자하는 규모가 1회에 최소 5억 원 이상이며, 투자금액이 올라갈수록 투자의사결정 수준이 질적, 양적으로 달라진다는 점임.

▶ 벤처캐피털은 회사별 투자철학과 문화, 보유한 펀드의 성격, 그리고 투자심사역의 성향에 따라 투자의사 결정 포인트에 차이가 큼. 따라서 벤처캐피털의 수가 많아 보이지만, 실제로 초기

기업일수록 '핏(fit)'이 맞을 수 있는 VC는 일부에 불과함.

마. 후기단계 전문 투자기관

전문 투자기관은 사모펀드, 자산운용, 증권, 은행 등이 있으며, 창업 초기 기업일수록 이 부류에 속하는 기관들로부터 투자를 유치할 가능성은 거의 제로에 가깝습니다.

▶ 투자목적, 투자수익에 대한 기대치, 투자회수기간에 대한 눈높이 등을 감안하면 창업 초기 기업은 이들의 관심 대상이 되기 힘들기 때문임.

바. 크라우드펀딩

크라우드펀딩 플랫폼을 이용해 자금을 조달하는 방법에는 '리워드(reward)형'과 '지분형(또는 증권형)'의 두 가지가 있습니다. 흔히 알고 있는 크라우드펀딩 사례는 대부분 리워드형입니다.

▶ 리워드형을 전통적인 관점에서 투자라 여기지 않을 수 있지만, 제품 생산 관련 기업이 대체로 소규모 수준에서 양산 비용을 필요로 하는 경우 리워드형은 자금을 조달하는 아주

좋은 대안이 됨.

▶ 더불어 리워드형은 초기 기업이 사업 아이템의 시장 반응을 선제적으로 확인하고 가성비가 높은 마케팅을 진행할 수 있는 수단임.

▶ 반면, 크라우드펀딩을 통해 지분형 투자유치를 고려한다면, 사전에 많은 고민과 준비가 필요하다는 것을 알아야 함. 초기 기업이 지분형 투자유치를 기대하는 건 현실적으로 확률이 낮음.

사. 전략적투자자(SI, Strategic Investor)

투자수익 자체보다는, 모회사와의 사업적 시너지 또는 아웃사이드인(outside-in) 형태의 빠른 기술 확보가 목적이며, 일종의 '혈맹'을 맺는 사례입니다.

▶ 전략적투자자는 투자한 기업이 기대만큼 성장하는 경우, 인수합병 또는 자회사 편입을 고려할 가능성이 농후하며, 창업 초기 기업은 해당이 없는 내용으로 단지 참고용으로 활용하는 것이 필요함.

04

정부 지원 사업

창업과 관련하여 정부 지원 사업은 ① 사업화 지원, ② R&D 지원, ③ 창업교육, ④ 시설 및 공간 대여, ⑤ 멘토링 및 컨설팅 지원 등으로 나눌 수 있습니다. 지원대상과 주관기관을 다음과 같이 정리하였습니다. 매년 정부 지원 내용이 달라질 수 있으므로, 주기적인 확인이 필요합니다.

가. 사업화 지원

사업명	지원대상	전담(주관)기관
청년 등 협동조합 창업지원 사업	청년, 시니어 등 예비 창업팀	한국사회적기업진흥원
실험실특화형 창업선도대학 육성	기술혁신형 창업팀	한국연구재단
K-Global 액셀러레이터 육성	액셀러레이터 선발 창업팀	정보통신산업진흥원
K-Global 스타트업 공모전	예비 창업자 및 창업 후 3년 이내 기업	정보통신산업진흥원
관광벤처사업 발굴 및 지원	관광 분야 예비 창업자, 창업 초기 기업	한국관광공사
콘텐츠 스타트업 창업육성프로그램	콘텐츠 예비 창업자, 창업 후 3년 이내 기업	한국콘텐츠진흥원
스포츠산업 액셀러레이터	5년 미만 창업자	국민체육진흥공단
농산업체 판로지원	창업 후 7년 미만 농산업체	농업기술실용화재단

사업명	지원대상	전담(주관)기관
지역 클러스터 - 병원 연계 창업 인큐베이팅 지원 사업	창업 후 7년 이내 기업	한국보건산업진흥원
사회적기업가 육성사업	예비 및 2년 미만 기창업자, 재도전창업자	한국사회적기업진흥원
공간정보창업지원	대학생, 예비 창업자	한국국토정보공사(LX)
해양수산 창업 투자 지원센터	예비 창업자 및 유망 기업	테크노파크 등
해양신산업 인큐베이팅	예비 창업자 및 유망 기업	해양수산과학 기술진흥원
초기 창업 패키지	창업 후 3년 미만 기업	창업진흥원
예비 창업 패키지	예비 창업자	창업진흥원
창업성공 패키지(청년창업사관학교)	창업 후 3년 이하 기업(만 39세 이하)	중소기업진흥공단
창업도약패키지	창업 후 3년 이상 7년 이내 기업	창업진흥원
민관공동 창업자 발굴 육성(TIPS)	창업 후 7년 이내 기업	창업진흥원
재도전 성공 패키지	예비 및 3년 이내 재창업자	창업진흥원
창업기업지원 서비스 바우처	창업 후 3년 이내 기업	창업진흥원
포스트 팁스(TIPS)	팁스(R&D) 성공(졸업) 기업 중 업력 7년 이내 기업	창업진흥원
사내벤처 육성 프로그램	사내벤처팀 및 3년 이내 분사창업기업	창업진흥원
글로벌 액셀러레이팅	예비 창업자 및 창업 7년 미만 기업	창업진흥원
장애인 창업 사업화 지원	장애인 예비 창업자 및 업종 전환 희망자	(재)장애인기업종합지원센터
장애인기업 시제품 제작 지원	장애인 예비 창업자 등	(재)장애인기업종합지원센터
스타트업 특허바우처	창업 후 7년 미만 및 매출액 100억 미만	한국특허전략개발원
기상기후산업 청년창업 지원 사업	만 34세 이하의 개인 또는 팀 단위(2~5인)	한국기상산업기술원

나. R&D 지원

사업명	지원대상	전담(주관)기관
농식품 벤처 창업 바우처 지원	농식품 분야 예비 창업자 또는 창업 초기 기업	농림식품기술기획평가원
창업성장기술개발사업	창업 후 7년 이내 기업	중소기업기술정보진흥원
재도전기술개발	재창업 후 7년 미만 기업	중소기업기술정보진흥원

다. 창업 교육

사업명	지원대상	전담(주관)기관
대학창업 교육체제 구축사업	대학, 전문대학, 대학(원)생, 교수 등	한국연구재단 등
공공기술기반 시장연계 창업지원	대학(원)생, 연구원 등 실험실 (예비) 창업팀	한국연구재단
스포츠산업 창업지원센터	예비 창업가 및 3년 미만 창업자	국민체육진흥공단
농촌현장창업보육	예비 창업자 및 창업 후 5년 미만 기업	농업기술실용화재단
신사업창업사관학교	소상공인 예비 창업자	소상공인시장진흥공단
청소년 비즈쿨	청소년(초중고 및 학교 밖)	창업진흥원
메이커 문화 확산	창작활동 관심 일반인	창업진흥원
실전창업교육	예비 창업자	창업진흥원
대학기업가센터	대학생 등 (예비) 창업인력	창업진흥원

사업명	지원대상	전담(주관)기관
장애인맞춤형창업교육	장애인 예비 창업자 및 업종전환 희망자	(재)장애인기업종합지원센터
IP기반차세대영재 기업인 육성사업	중학교 1~3학년 또는 이에 준하는 연령(13~16세)	한국발명진흥회

라. 시설, 공간, 교육

사업명	지원대상	전담(주관)기관
K-Global 빅데이터 스타트업 기술지원	빅데이터 기반 (예비) 창업기업	한국정보화진흥원
지역주도형 청년일자리사업 (창업투자생태계 조성형-2유형)	만18~39세 미취업 청년	지자체
출판지식창업보육센터 운영	예비 창업자 및 창업 후 3년 미만 기업	한국출판문화산업진흥원
지역혁신생태계 구축 지원 (창조경제혁신센터)	예비 창업자, 창업 후 3년 미만 기업	창업진흥원
메이커 스페이스 구축	창작활동 관심 일반인	창업진흥원
창업보육센터 운영지원	예비 및 3년 미만 창업자	한국창업보육협회
스타트업파크	예비 창업가 및 창업가	창업진흥원
판교밸리창업존 운영	예비 창업자 및 7년 미만 창업기업	창업진흥원
1인창조기업지원센터 (1인창조기업활성화)	(예비) 1인창조기업	창업진흥원
중장년기술창업센터	만 40세 이상 (예비) 창업자(창업 후 3년 이내)	창업진흥원
소셜벤처 육성	소셜벤처	기술보증기금
장애인기업 창업보육실 운영	장애인 예비 창업자 또는 창업 후 3년 미만 기업	(재)장애인기업종합지원센터

좌충우돌 **창업경영 오픈소스**

마. 멘토링 및 컨설팅

사업명	지원대상	전담(주관)기관
K-Global 창업멘토링 (ICT 혁신기술 멘토링)	ICT 분야 창업 후 7년 이내 기업	한국청년기업가정신재단
실험실창업이노베이터 육성	고경력 과학기술인, 이공계 창업경력자 등	한국연구재단
K-Global 클라우드 기반 SW 개발환경 지원	예비 창업자 및 3년 미만 창업자	정보통신산업진흥원
K-Global 시큐리티 스타트업	창업 후 3년 이내 기업	한국인터넷진흥원
농식품 크라우드펀딩 플랫폼 구축·운영	창업 초기 기업	농업정책보험금융원
아이디어사업화 온라인플랫폼 운영	아이디어 보유 (예비) 창업자	창업진흥원
생활혁신형 창업지원 사업	소상공인 예비 창업자	소상공인시장진흥공단
여성벤처창업케어프로그램	우수 아이디어 보유 여성 예비 창업가	한국여성벤처협회
IP 나래 프로그램	7년 이내 창업기업 및 5년 이내 전환 창업기업	한국발명진흥회
IP 디딤돌 프로그램	예비 창업자	한국발명진흥회

05

신용보증제도

신용보증제도를 신용보증기금을 중심으로 설명하겠습니다. 기술보증기금에 대한 내용도 다음에 기술된 내용을 바탕으로 순서대로 검토하면 되겠습니다. 법령으로 설명하는 이유는 근거가 명확하기 때문입니다.

가. 개요

신용보증기금(Korea Credit Guarantee Fund, KODIT)은 1974년에 제정된 「신용보증기금법」에 따라 1976년에 특별법인으로 설립되었으며, 「공공기관의 운용에 관한 법률」에 의해 설립된 금융위원회 산하 기금관리형 준정부기관입니다.

▶ 신용보증기금의 설립 목적은 「신용보증기금법」에 "담보능력이 미약한 중소기업이 부담하는 채무를 보증하여 기업의 자금 융통을 원활히 하고, 신용정보의 효율적 관리·운용을 통하여 건전한 신용 질서를 확립함으로써 신용사회 구현과 균형 있는 국민 경제 발전에 기여함을 목적으로 한다."라고 밝히고 있음.

▶ 주요 업무는 신용보증(일반보증, P-CBO보증, 보증연계투자), 신용 정보종합관리(신용조사, 채권추심), 경영지도, 신용보험, 어음보 험, 매출채권보험, 산업기반(SOC)신용보증 등이 있음.

▶ 신용보증기금(이하 '신보')의 근거 법령은 「신용보증기금법」, 「시 행령」, 「시행규칙」 및 업무방법서의 체계를 갖추고 있고, 기금 의 기본재산은 정부의 출연금, 금융회사 등의 출연금, 기업의 출연금 등으로 이루어지며, 정부의 출연금의 예산은 중소벤 처기업부 소관으로 하고 있음.

나. 「신용보증기금법」

▶ 조사의무(제27조)

기금이 신용보증(유동화회사보증을 포함)을 할 경우 기업의 경영 상태, 사업전망, 신용상태 등을 공정·성실하게 조사하여야 함.

▶ 보증관계의 성립 등(제28조)

① 기금이 기업에 대하여 신용보증하기로 결정하였을 때에는 그 뜻을 그 기업과 그 기업의 채권자가 될 자에게 통지하 여야 함. 다만, 사채를 보증하는 경우와 유동화회사가 유 동화증권을 발행함에 따라 부담하는 채무를 보증하는 경

우에는 사채인수권자 또는 유동화증권 인수자에 대한 통지를 하지 아니하여도 됨.

② 신용보증관계는 제1항에 따라 통지를 받은 기업과 그 기업의 채권자 간에 주된 채권·채무관계가 성립한 때에 성립함.

③ 제1항에 따른 통지가 있는 날부터 60일 이내에 주된 채권·채무관계가 성립하지 아니한 경우 그 신용보증관계는 성립하지 아니함.

▶ 보증채무의 이행(제29조)

① 채권자는 대통령령으로 정하는 사유가 발생하였을 때에는 기금에 대하여 그 보증채무의 이행을 청구할 수 있음.

② 기금은 제1항에 따라 보증채무의 이행청구를 받았을 때에는 주채무와 대통령령으로 정하는 종속채무를 이행하여야 함.

▶ 구상권의 행사 등(제30조)

① 기금이 보증채무를 이행하였을 때에는 그 채권자는 지체 없이 기금이 구상권을 행사하는 데에 필요한 모든 서류를 기금에 보내고 그 구상권 행사에 적극 협조하여야 함.

② 기금은 기금이 대위변제한 기업이 다음 각 호의 어느 하나에 해당하는 경우에는 이사회의 의결을 거쳐 그 기업에 대한 구상권 행사를 유예할 수 있음.

1. 기업의 재산이 구상권 행사에 따른 비용을 충당하고 남을 여지가 없다고 인정될 때
2. 구상권 행사를 유예함으로써 장래 기업의 채무상환 능력이 증가될 여지가 있다고 인정될 때

③ 기금은 제2항 제2호에 따라 구상권 행사를 유예하였을 때에는 해당 기업에 기금의 임원 또는 직원을 파견하여 그 경영에 참여하게 할 수 있음.

▶ 구상채권의 매각(제30조의2)

기금은 구상채권의 효율적인 회수와 관리를 위하여 필요하다고 인정되는 경우에는 이사회의 의결을 거쳐 다음 각 호의 자에게 구상채권을 매각할 수 있음.

1. 「기업구조조정투자회사법」에 따른 기업구조조정투자회사
2. 「산업발전법」(법률 제9584호 산업발전법 전부개정법률로 개정되기 전의 것을 말한다) 제15조에 따라 등록된 기업구조조정조합
3. 「금융기관부실자산 등의 효율적 처리 및 한국자산관리공사의 설립에 관한 법률」에 따라 설립된 한국자산관리공사
4. 「자산유동화에 관한 법률」에 따라 설립된 유동화전문회사
5. 그밖에 부실채권의 매매·관리를 전문으로 하는 자로서 대통령령으로 정하는 자

▶ 연대보증채무의 감경·면제(제30조의3)

「채무자 회생 및 파산에 관한 법률」 제250조 제2항, 제567조, 제625조 제3항에도 불구하고 채권자가 기금인 경우에는 중소기업의 회생계획인가결정을 받는 시점 및 파산선고 이후 면책결정을 받는 시점에 주채무가 감경 또는 면제될 경우 연대보증채무도 동일한 비율로 감경 또는 면제함.

다. 「신용보증기금법 시행령 및 시행규칙」

▶ 보증연계투자(시행령 제19조의8)

① 법 제23조의4 제2항에 따른 기금의 보증연계투자 총액의 한도는 기금의 기본재산과 이월이익금의 합계액의 100분의 10으로 함.

② 법 제23조의4 제3항에 따라 기금이 같은 기업에 대하여 보증연계투자할 수 있는 한도는 30억 원으로 함. 이 경우 보증연계투자 금액은 기금이 해당 기업(매출액 증가율, 기술력과 사업기간 등을 고려하여 금융위원회가 정하여 고시하는 기준을 충족하는 기업은 제외함)에 대하여 신용보증한 금액의 100분의 200을 초과할 수 없음.

▶ 보증채무이행청구사유의 특례(시행령 제22조)

① 채권자는 피보증기업이 다음 각 호의 1에 해당하는 경우에는 제21조의 규정에 불구하고 기금에 대하여 보증채무의 이행을 청구할 수 있음.

1. 파산하거나 해산한 때

2. 계속하여 6월 이상 영업을 하지 아니하거나 폐업한 때

3. 제1호 및 제2호 외에 「채무자 회생 및 파산에 관한 법률」에 따른 회생절차 개시의 신청이 있는 등 피보증기업의 신속한 경영정상화가 어렵다고 인정되는 경우로서 이사회가 정한 사유가 발생한 때

② 채권자가 제1항의 규정에 의하여 보증채무의 이행을 청구하고자 할 때에는 그 이유가 되는 사실을 증명하여야 함.

▶ 대출금의 범위(시행규칙 제1조)

① 「신용보증기금법」 제6조 제3항에 따른 금융회사등의 대출금의 범위는 아래와 같음.

1. 은행계정 중 대출채권

2. 신탁계정 중 다음 각각의 어느 하나에 해당하는 것

1) 대출금

2) 사모사채(기업으로부터 직접 매입한 것에 한한다)

3) 매입어음(기업으로부터 직접 매입한 기업어음에 한한다)

4) 신용카드채권(기업구매전용카드와 기업판매전용카드의 대금채권에 한함)

3. 종금계정 중 다음 각각의 어느 하나에 해당하는 것

1) 할인어음

2) 할인무역어음

3) 팩토링어음

4) 지급보증대지급금

5) 어음관리계좌 운용자산

라. 구상채무 상환

금융기관은 보증부 채권 즉 대출금이 회수되지 않은 경우 보증 기관에 보증채무 이행을 청구하게 되며, 보증채무를 이행한 신보는 채무자(기업)에 대해 구상채권을 보유하게 됩니다.

▶ 다른 말로 대위변제를 이행한 신보는 채무자에 대해서 채권 보전조치 등 다양한 채권회수활동을 전개하게 됨. 즉, 법인 기업에 대한 채권회수 활동은 연대 보증한 대표이사에 대해서도 동일한 구상채권 회수활동을 전개하게 됨.

▶ 연대보증인 대표이사는 개인회생 등으로 채무가 부존재하더라도 법인기업의 채무가 잔존하고 있으면 그 금액을 상환하여야 함. 특히 채권보전 조치한 대표이사의 부동산이 실익이 있는 경우 그에 상응하는 금액은 반드시 변제하여야 함.

▶ 구상채무를 상환하는 방법은 다음과 같이 예상할 수 있음.

구상채무 상환 방법

구분	방법	정상거래 시기
1안	분할상환 계약을 체결하고 상환을 이행함	상환 완납 후
2안	별도 법인에 대한 재기보증을 통해 상환함	보증 취급 후

- 1안의 경우 상환기간이 장기일 경우 정상 보증거래의 시기가 지연됨.
- 2안의 경우 재기보증을 받은 업체는 정상 거래업체로 전환하게 됨.

마. 신용보증규정

▶ 보증대상기업(제7조)

　① 보증대상기업은 사업을 영위하는 개인 및 법인과 이들의 단체로 함.

　② 제1항에 따른 보증대상기업의 기업 규모는 다음 각 호와 같이 분류한다.

　　1. 중소기업:「중소기업기본법」제2조 제1항부터 제3항까지의 중소기업자와「중소기업협동조합법」제3조에 따른 중소기업협동조합 및 그밖에 법률에서 중소기업으로 정한 법인과 단체

　　2. 중견기업: 제1호의 중소기업에 해당하지 않고,「독점규제 및 공정거래에 관한 법률」에 따른 상호출자제한기업집단에도 속하지 아니하는 기업

3. 대기업: 「독점규제 및 공정거래에 관한 법률」에 따른 상호 출자제한기업집단에 속하는 기업

▶ **따라서 일반 개인은 보증대상이 아니며, 개인사업자 및 법인 사업자(협동조합 포함)에 한해 보증이 취급됨.**

▶ 보증금지대상(제8조)

① 다음 가 호의 어느 하나에 해당하는 기업에 대하여는 신 규보증을 할 수 없음.

1. 신보가 보증채무를 이행한 후 구상채권을 변제받지 못한 기업으로서 부당하게 채무를 면탈하여 신보의 건전성을 훼손한 기업

2. (중략)

▶ 보증제한대상(제9조)

① 다음 각 호의 어느 하나에 해당하는 기업에 대하여는 신 규보증을 할 수 없음.

1. 휴업 중인 기업

2. 금융회사의 대출금을 빈번히 연체하고 있는 기업

3. 금융회사의 금융거래확인서 기준일 현재 연체 중인 기업. 다만, 연체를 정리한 기업은 제외함.

4. 신용관리정보를 보유하고 있는 기업(대표자 및 실제경영자가 신용관리정보를 보유하고 있는 경우를 포함)

5.~12. (중략)

▶ **따라서 휴업, 금융회사 연체, 부동산 등 권리침해 사실 및 체납이 있으면 신용보증이 어렵다고 봄.**

▶ 같은 기업에 대한 일반보증한도(제12조)

① 같은 기업에 대한 일반보증한도는 신보와 기보의 일반보증한도 대상보증을 합하여 30억 원으로 하되, 신보와 기보의 일반보증한도 대상보증과 투자금액을 합하여 60억 원을 초과하지 못함.

② 제1항에도 불구하고 다음 각 호의 어느 하나에 해당하는 경우, 같은 기업에 대한 일반보증한도는 신보와 기보의 일반보증한도 대상보증을 합하여 15억 원을 초과하지 못함.

1. 제8조 제2항의 보증금지기업 및 제9조 제1항의 보증제한기업

2. 제11조 제1호에 따라 이사장이 따로 정하는 신용도 취약기업

3. 보증심사등급이 이사장이 따로 정하는 일정 등급 이하인 기업

▶ 같은 기업에 대한 최고보증한도(제13조)

① 금융위원회가 국민경제상 특히 필요하다고 인정하는 다음 각 호의 보증은 제12조에 따른 같은 기업에 대한 일반 보증한도를 초과할 수 있음.

1. 담보 후취에 따른 보증 해지 후 보증 잔액이 제12조에 따른 일반보증한도 이내로 예상되는 중소기업에 대한 시설자금보증
2. 중소기업협동조합이 받는 대출에 대한 보증
3. 기업의 구매자금융에 대한 보증
4. 이행보증
5. 무역금융에 대한 보증
6. 전자상거래대출보증
7. 전자상거래제2금융보증
8. 전자상거래담보용보증
9. 지식기반기업에 대한 보증
10. 수입신용장개설에 대한 보증(수출 관련 자금에 한정한다)
11. 발주서 방식 Network Loan보증
12. 녹색성장산업 영위기업에 대한 보증
13. 수출환어음매입에 대한 보증
14. 수출환어음담보대출에 대한 보증
15. 해외투자자금 보증 및 해외사업자금 보증
16. 신성장동력산업 영위기업에 대한 보증
17. 고성장 혁신기업에 대한 보증

② 제1항에도 불구하고 같은 기업에 대한 보증은 다음 각 호에서 정한 한도 범위에서 운용함.

1. 재보증을 제외한 신보와 기보의 일반보증금액과 보증재단의 보증금액을 합한 금액: 70억 원 이내

2. 제1호의 보증금액과 신보와 기보의 투자금액을 합한 금액: 100억 원 이내

3. 제2호의 금액과 신보와 기보의 유동화회사보증 기초자산 편입금액을 합한 금액

   가. 중소기업: 150억 원 이내

   나. 중소기업 이외의 기업: 250억 원 이내

▶ **따라서 일반보증한도는 30억 원이나, 국민경제상 특히 필요하다고 인정되는 경우 최고보증한도 70억 원까지 가능함.**

PART 4

사회적 경제
(아동 특수 교육)

❓ 창업자 질의 사항

Q 아동 특수 교육을 목적으로 창업한 '예비 사회적기업'입니다. '사회적기업'으로 진입하는 방안 그리고 혹시 절세방안이 없을까요? 부가가치세를 납부할 때면 항상 자금이 부족합니다.

A 창업자께서는 매우 의미 있는 사업을 하고 계십니다. 사회적기업은 영리기업과 비영리기업의 중간 형태라고 볼 수 있습니다. 창업자는 현재 지방자치단체장이 지정하는 '지역형 예비 사회적기업'에 해당하는 것으로 보입니다. 사회적기업도 하나의 산업(업종)에 속하게 됩니다. 따라서 창업자께서 하고 계시는 산업의 내용을 인식할 필요가 있습니다.

창업자께서는 사회서비스업을 영위하고 계시는 것으로 정의할 수 있습니다. 이는 개인 또는 사회 전체의 복지증진 및 삶의 질 제고를 위해 사회적으로 제공되는 서비스업을 말합니다. 사회서비스 바우처 제도를 이용하여 노인, 장애인, 산모, 아동 등에게 서비스를 제공하는 경우에는 부가가치세의 면세 사항을 확인할 필요가 있습니다. 이 장에서는 예비 사회적기업과 사회적기업을 비교하고, 면세 사항 등에 관해 설명하겠습니다.

01
일반 현황

정부는 '사회적기업' 육성을 통해 지속가능한 경제, 사회통합을 구현하고자 합니다. 이 장에서는 (예비) 사회적기업 전반적 특징에 대해 알아보겠습니다.

▶ 사회적기업이란 영리기업과 비영리기업의 중간 형태로, 사회적 목적을 우선적으로 추구하면서 재화·서비스의 생산·판매 등 영업활동을 수행하는 기업(조직)을 말함.

▶ 「사회적기업 육성법」에서는 사회적기업을 취약계층에게 사회서비스 또는 일자리를 제공하여 지역주민의 삶의 질을 높이는 등의 사회적 목적을 추구함.

▶ 사회적기업은 재화 및 서비스의 생산·판매 등 영업활동을 하는 기업으로 고용노동부 장관의 인증을 받은 기업(기관)임.

사회적기업의 유형

유형	특징
일자리제공형	조직의 주된 목적이 취약계층에게 일자리를 제공(취약계측 공용비율이 30% 이상)
사회서비스제공형	조직의 주된 목적이 취약계층에게 사회서비스를 제공(사회서비스를 제공받는 취약계층의 비율이 30% 이상)
지역사회공헌형	조직의 주된 목적이 지역사회에 공헌(해당 조직이 있는 지역에 거주하는 취약계층의 비율이나, 사회서비스를 제공받는 취약계층의 비율이 20% 이상)
혼합형	조직의 주된 목적이 취약계층 일자리 제공과 사회서비스 제공이 혼합(취약계층의 고용비율과 사회서비스를 제공받는 취약계층의 비율이 각각 20% 이상)
창의·혁신형	사회적 목적의 실현여부를 계량화하여 판단하기 곤란한 경우(육성전문위원회에서 결정)

▶ 영리기업이 주주나 소유자를 위해 이윤을 추구하는 것과는 달리, 사회적기업은 사회서비스를 제공하고 취약계층에게 일자리를 창출하는 등 사회적 목적을 조직의 주된 목적으로 추구한다는 점에서 차이가 있음.

02

인증 제도

사회적기업 인증은 인증신청기업이 「사회적기업 육성법」 등에 따라 사회적기업으로서 갖추어야 할 인증요건과 특성 및 기준에 부합하는지를 검토·심사하여, 이에 적합하다고 판단되는 경우에 사회적기업으로 승인해 주는 것을 말합니다.

▶ 근거 법령

: 「사회적기업 육성법」, 「사회적기업 육성법 시행령」, 「사회적기업 육성법 시행규칙」

▶ 사회적기업 인증의 목적은 ① 국민과 사회로부터 사회적기업에 대한 신뢰를 확보하고, ② 경영 등에 있어 최소한의 요건을 갖추게 함으로써 장기적 자립이 가능토록 기반을 조성케 하며, ③ 인증받은 사회적기업에 대한 재정·세제·경영·판로 등을 지원하여 지속 가능한 사회적기업으로 육성하고, ④ 부적절한 사회적기업의 출현을 방지하는 데 있음.

03
지정 요건

가. 예비 사회적기업

예비 사회적기업은 지역형과 부처형으로 나눌 수 있고, 이들의 차이점은 다음과 같습니다.

▶ 지역형 예비 사회적기업
 : 사회적 목적 실현, 영업활동을 통한 수익창출 등 사회적기업 인증을 위한 최소한의 법적 요건을 갖추고 있으나, 수익구조 등 일부 요건을 충족하지 못하고 있는 기업을 지방자치단체장이 지정하여 장차 요건을 보완하는 등 향후 사회적기업 인증이 가능한 기업을 말함.

▶ 부처형 예비 사회적기업
 : 사회적 목적 실현, 영업활동을 통한 수익창출 등 사회적기업 인증을 위한 최소한의 요건을 갖추고 있는 기업으로서, 중앙부처장이 지정하여 장차 요건을 보완하는 등 사회적기업 인증을 목적으로 하는 기업을 말함.

▶ 지정기간

: 지정기간은 3년으로 하고, 유사사업(마을기업, 농어촌공동체회사, 기초 자치단체 지정 예비 사회적기업)에 참여한 경우에는 해당사업에 참여한 기간을 지정기간에 합산함.

예비 사회적기업의 지정요건

구분	특징
조직 형태	- 「민법」에 따른 법인·조합 - 「상법」에 따른 회사 - 「협동조합기본법」제2조에 따른 협동조합, 협동조합연합회, 사회적협동조합, 사회적협동조합연합회 - 그 밖에 다른 법률에 따른 비영리단체 등
사회적 목적 실현	「사회적기업 육성법」 제8조 및 같은 법 시행령 제9조에 따른 사회적 목적의 실현을 조직의 주된 목적으로 하는 기업
영업활동을 수행할 것	공고일이 속하는 달에 재화나 서비스를 생산판매 하는 등 영업활동을 수행하고 있을 것
배분 가능한 이윤을 사회적 목적으로 사용	「사회적기업 육성법」 제8조에 따라 「상법」에 따른 회사인 경우에는 회계연도별로 발생한 배분 가능한 이윤의 3분의 2 이상을 사회적 목적을 위하여 사용한다는 내용이 정관 등에 명시되어 있어야 함

좌충우돌 **창업경영 오픈소스**

나. 사회적기업

사회적기업의 지정요건

구분	특징
조직 형태	민법에 따른 법인·조합, 상법에 따른 회사, 특별법에 따라 설립된 법인 또는 비영리민간단체 등 대통령령으로 정하는 조직 형태를 갖출 것
	「사회적기업 육성법」 제8조 제1항 제1호, 「동법 시행령」 제8조
유급근로자 고용	유급근로자를 고용하여 재화와 서비스의 생산·판매 등 영업활동을 할 것
	「사회적기업 육성법」 제8조 제1항 제2호
사회적 목적의 실현	취약계층에게 사회서비스 또는 일자리를 제공하거나 지역사회에 공헌함으로써 지역주민의 삶의 질을 높이는 등 사회적 목적의 실현을 조직의 주된 목적으로 할 것
	「사회적기업 육성법」 제8조 제1항 제3호, 「동법 시행령」 제9조
이해관계자가 참여하는 의사결정 구조	서비스 수혜자, 근로자 등 이해관계자가 참여하는 의사결정 구조를 갖출 것
	「사회적기업 육성법」 제8조 제1항 제4호
영업활동을 통한 수입	영업활동을 통하여 얻는 수입이 노무비의 50% 이상일 것
	「사회적기업 육성법」 제8조 제1항 제5호, 「동법 시행령」 제10조
정관의 필수사항	「사회적기업 육성법」 제9조에 따른 사항을 적은 정관이나 규약 등을 갖출 것
	「사회적기업 육성법」 제8조 제1항 제6호, 제9조 제1항
이윤의 사회적 목적 사용	회계연도별로 배분 가능한 이윤이 발생한 경우에는 이윤의 3분의 2 이상을 사회적 목적을 위하여 사용할 것(상법상 회사·합자조합일 경우)
	「사회적기업 육성법」 제8조 제1항 제7호

04

(예비) 사회적기업의 차이점

사회적기업과 예비 사회적기업의 차이점은 법률적, 인증요건, 지원내용에 있어 차이가 있습니다. 사회적기업은 「사회적기업 육성법」에 설립 근거를 두고 있으나, 예비 사회적기업은 「사회적기업 육성 지원을 위한 조례·규칙」에 의한 설립에 근거를 두고 있습니다. 그 차이점을 다음과 같이 정리하였습니다.

▶ 사회적기업의 인증요건은 '이해관계자가 참여하는 의사결정 구조'와 '영업활동을 통한 수입(매출액이 노무비의 50% 이상)의 구성비'가 추가로 요구되고 있음.

▶ 특히 사회적기업은 세제(법인세) 지원을 받을 수 있으며, 시설비 등의 지원이 추가로 이루어짐.

좌충우돌 **창업경영 오픈소스**

사회적기업과 예비 사회적기업의 차이점

구분	사회적기업	예비 사회적기업
법률	「사회적기업 육성법」	「사회적기업 육성 지원을 위한 조례·규칙」
인증요건	① 조직 형태 ② 유급근로자를 고용하여 영업활동을 수행할 것 ③ 사회적 목적 실현(취약계층 고용·사회서비스 제공 등) ④ 이해관계자가 참여하는 의사결정구조 ⑤ 영업활동을 통한 수입(매출액이 노무비의 50% 이상) ⑥ 정관·규약 등을 갖출 것 ⑦ 배분 가능한 이윤의 2/3 이상 사회적 목적을 위해 재투자(상법상 회사 등의 경우)	① 조직 형태 ② 유급근로자를 고용하여 영업활동을 3개월 이상 수행할 것(매출이 발생해야 함) ③ 사회적 목적 실현(취약계층 고용·사회서비스 제공 등) ④ - ⑤ - ⑥ 상법상 회사 등의 경우 정관·규약 등을 갖출 것 ⑦ 배분 가능한 이윤의 2/3 이상 사회적 목적을 위해 재투자(상법상 회사 등의 경우)
지원	① 경영컨설팅 ② 공공기관 우선구매 ③ 인건비 지원 ④ 사업개발비 지원 ⑤ 모태펀드 ⑥ 시설비 등 지원 ⑦ 세제 지원 ⑧ 사회보험료 지원 ⑨ 전문인력 채용 지원	① 경영컨설팅 ② 공공기관 우선구매(기관별 차이 있음) ③ 인건비 지원 ④ 사업개발비 지원 ⑤ 모태펀드

사회적기업 인증 현장실사 내용

구분	의의	실사 내용
조직 형태	- 신청기업의 물리적 실체 확인 - 기업의 소유·지배구조 확인 - 사업단의 실질적 독립성 여부	- 주된 사무소, 사업장의 실체 확인 - 주주(조합원) 구성, 지분 소유상태 - 독립적 운영 여부
유급근로자	유급근로자 실제 근무 여부	- 근로자 존재여부 - 근로관계 구성 및 실제 근로 여부 - 출근 기록부 또는 대장
사회적 목적 실현	유형별 인증요건 충족여부 및 대표자 면담을 통한 사회적 목적 실현 의지 확인	- 신청유형 적합 확인 - 사회적 목적 실현 의지
의사결정 구조	이해관계자가 참여하는 의사결정구조의 지속적 운영 여부 확인	- 의사결정 구조 내용 - 회의체 구성원 현황 - 회의 실시 현황(회의록 등)
영업수입	- 제출한 회계서류 세부내역 확인(계정별 원장) - 지속가능성에 관한 검토(영업수익성 및 재무건전성)	- 매출액 내용 및 수준 - 사업의 지속가능성 - 경영 환경 파악 등
정관 또는 규약	정관의 필수 기재사항 명시 여부	- 법적 필수 기재사항 - 정관의 신뢰성(공증 등)
이윤의 사회적 목적 사용	정관상 명시여부 및 실제 사용 현황	- 정관 및 회계서류 확인
대표자에 관한 사항	대표자의 경력, 사회적기업에 대한 이해도, 경영능력 검토	- 대표자 경력 및 활동 - 사회적기업 이해도 - 경영전반에 대한 역량

05
경영 공시

사회적기업이 추구하는 사회적 목적 실현과 경영상태 등에 대한 정보를 미래의 투자자를 포함한 다양한 이해관계자에게 자율적으로 공개합니다. 자율경영공시 자료를 그래프나 그림 등 보기 쉬운 형태로 구성하여 한국사회적기업진흥원 홈페이지(www.socialenterprise.or.kr)에 공시하게 됩니다.

▶ 즉, 자율경영공시는 고용노동부장관 인증 사회적기업 중 공시의사를 가지고 자율적으로 참여를 원하는 기업이 실시하고 있음.

가. 목적

▶ '사회적기업 자율경영공시제'를 통해 지속가능하고 투명한 사회적기업 생태계를 만들고자 함.
  - 사회적기업의 경제적·사회적 성과를 널리 알려 사회적기업 육성에 대한 공감대 확산을 도모함.
  - 사회적기업이 스스로 활동과 성과를 정리하여 자체적으로

투명성을 강화하고 기업운영의 효율성을 높일 수 있도록 지원하고자 함.

- 사회적기업에 대한 지원 및 투자가 활성화될 수 있는 분위기를 조성하고자 함.

나. 공시 참여기업에 대한 지원

▶ 공시를 통해 기업 스스로 정보를 체계적으로 관리하고 창출한 사회적 성과를 정리할 수 있는 기회로 활용이 가능함. 자료작성 방법 등에 대한 컨설팅을 지원함.

▶ 공시 참여기업에게는 각종 지원 사업에서 가점을 부여하거나 우선 지원 대상으로 검토하고, 우수 사회적기업으로 적극적으로 홍보하는 등의 인센티브를 부여할 예정임.

세부 심사기준표

구분	심사항목			
일자리 창출	사업내용의 우수성(30)	참여주체의 견실성(20)	지속적 고용 창 출가능성(40)	훈련계획의 충실성(10)
전문인력	지원 필요성(30)	사용분야 및 인원의 적절성 (20)	활용계획의 타당성 및 구체성(40)	지원요건 만족여부(10)
사업개 발비	사업계획의 적정성(40)	신청금액의 적절성(20)	사업수행 능력 (20)	사회적 가치 (20)

06

실적 관리(증빙서 작성)

지역사회공헌형 사회적기업 사실 확인을 증빙하기 위해서는 문서에 의한 기록 관리가 필요합니다. 사실확인서 작성 요령을 다음과 같이 정리합니다.

▶ 일자리제공

　- 전체 근로자: 신청일 당시 유급근로자 기입

　- 지역취약계층 근로자: 당해 기초지역 거주자

　- 전체근로자/취약계층 근로자 비율 기입

▶ 사회서비스 제공

　- 전체 서비스 수혜자: 신청일 당시 서비스 수혜자 기입

　- 지역취약계층 수혜자: 당해 기초지역 거주자

　- 전체 수혜자/취약계층 수혜자 비율 기입

▶ 영업활동을 통한 수입(매출액)

　- 총사업비: 사업에 필요한 제반 경비(재무제표의 판매관리비+제 조비)

　- 총노무비: 인건비, 상여금 등 직접인건비만 기입(대표자의 인

건비도 노무비임)

- 총수입: 영업활동을 통한 수입만 기입(제조의 경우 제조원가는
  제외)
- 총수입/총노무비 비율 30% 시 인증 요건 충족

▶ 취약계층
- 저소득층, 장애인, 고령자, 장기실업자 등 앞의 취약계층 분
  류에 의해 기재

▶ 지역 공헌 현황을 구체적인 실적에 근거하여 기재.

사실확인서 산식

구분	산식	결과	기준
일자리 제공	지역취약계층근로자(명)/전체 근로자(명)	지역취약계층 근로자 비율(%)	
사회서비스 제공	지역취약계층 수혜자(명)/전체 서비스 수혜자(명)	지역취약계층 수혜자 비율(%)	
영업활동 수입 (매출액)	총수입(원)/총노무비(원)	총수입/총노무비 (%)	30%
지역공헌 현황	지역자원 활용(인적·물적 자원)	구체적 실적 기재	
	지역주민 소득 및 일자리 증대		

절세 방안

가. 사회서비스 바우처 제도

사회서비스 바우처 제도는 국민의 수요에 부응하는 다양하고 질 좋은 사회서비스 보장을 위해 노인, 장애인, 산모, 아동 등 대국민에게 서비스를 지원하는 제도입니다. 그 특징을 다음과 같이 정리합니다.

- ▶ 서비스 이용자에게 현금이 아닌 이용권을 발급하여 서비스를 선택하도록 함.
- ▶ 사회서비스 공급기관에게 서비스경쟁을 유도하여 고품질 서비스를 유도함.
- ▶ 바우처 금액은 정부 지원금과 소비자의 권리의식과 본인의무를 위한 본인부담금으로 구성됨.

바우처 제도

구분	내용
바우처 제도 와 연결	- 본인부담금 납부가 바우처 생성의 전제조건임 - 대상자로 선정되어도 본인부담금을 납부하지 않으면 바우처가 발생하지 않음

본인부담금
납부방법
	- 카드에 명시된 계좌에 무통장송금, 인터넷·폰뱅킹·ATM 등을 이용한 이
	  체 거래
	- 예금주는 '보호대상자 성명', 입금은행은 '국민은행 등'으로 기재
	※ 결제계좌, 환급계좌와는 별도로 반드시 바우처 카드 하단에 명시된 계
	  좌에 입금

납부시기	- 결정통지서 및 바우처 카드에 명시된 지정계좌(가상계좌)에 매월 1회 본인
	  부담금 입금
	- 원칙: 매월 15일~27일까지(매월 은행 마지막 영업일 전일)
	- 추가연장: 익월 1~5일까지(5일이 휴일인 경우 익일까지)
	※ 휴일에는 입금불가
	- 1차 납부하면 익월 1일에, 추가연장기간에 납부하면 당월 7일에 바우처
	  생성

납부금액	- 노인돌보미사업: 소득등급에 따라 1만 8천 원~4만 8천 원 - 중증장애인활동보조사업: 소득등급에 따라 2만 원~4만 원 - 산모신생아도우미사업: 4만 6천 원 - 지역사회서비스투자사업: 사업별로 차이가 있으며, 제공기관에 직접 납부

▶ 전자바우처 제도의 3대 특징

① 개방 형식의 포인트 결제 방식임.

② 신용카드형식의 금융관리(부정사용 방지)가 이루어짐.

③ 서비스 이용자에게 현금이 아닌 이용권을 발급하여 서비
스를 선택함.

▶ 이해당사자별 역할

  - 대상자: 시·구·군에서 사회서비스 수혜자로 인정을 받은 대상자.

  - 보건복지부: 대상자 선정기준, 서비스 유형 및 바우처 지급 방법, 관리센터의 조직과 운영에 관한 내용, 서비스 평가 기분/방법/절차에 대한 기반 마련.

  - 시·구·군: 대상자 신청접수/선정/통지 및 제공기관 신청접수/선정/통지.

  - 사회서비스 관리센터: 보건복지부 지정으로 바우처 카드의 유통/관리/지불/결제 등이 사업을 관리.

  - 제공기관: 보건복지부에서 사회서비스 제공기관으로 인정받아 대상들에게 사회서비스 제공.

  - 금융기관: 보건복지부, 시·구·군 지자체, 제공기관, 센터와 연계하여 바우처 카드의 발급/운영/지불/정산업무를 수행함.

▶ 본인 부담금 도입 배경

  : 소비자 권리의식을 고양시키고 최소한의 본인 의무를 부가하기 위해 도입되었음.

▶ 바우처 생성

  : 서비스 대상자의 바우처 카드에 일정량의 서비스를 이용할

수 있는 권한을 부여하여 바우처 카드의 기능을 활성화하는 것을 의미함.

사회서비스의 바우처 사업의 사례

구분	내용
노인돌보미 사업·장애인 활동보조 사업	- 매월 지원되는 바우처 중 사용하지 않은 바우처는 다음 달로 이월 가능 - 2개월간 연속으로 본인부담금을 납부하지 않는 경우 또는 2개월간 연속으로 바우처 사용실적이 없는 경우, 서비스 대상자 자격 포기로 간주하여 자격 상실 처리
산모신생아 도우미사업	- 출산일로부터 30일 이내까지 이용가능(서비스 개시일 기준) - 미숙아·선천성 이상아 등의 경우는 상당기간 입원(인큐베이터 활용)하므로 퇴원일을 기준으로 30일 이내까지 서비스제공
지역사회 서비스투자 사업	- 매월 지원되는 바우처는 해당 월 이내에 사용원칙 - 다만, 해당월 결제가 불가능한 경우 예외적으로 2개월 이내 결제는 가능(그 이후에는 결제가 불가능 할 수 있음에 유의) - 2개월간 바우처 이용실적이 없는 경우 서비스 대상자 자격포기로 간주하여 중지 처리 가능

나. 「부가가치세법」

부가가치세는 제품이나 용역이 생산 및 유통되는 모든 단계에서 기업이 새로 만들어낸 가치 즉, 부가가치에 대해 부과하는 세금입니다. 그러나 「부가가치세법」상의 면세 대상인 재화와 용역을 공급하는 사업자는 신고·납부할 의무가 없으니, '부가가치세 면세'에 대해 연구할 필요가 있습니다. 「부가가치세법」에 근거하여 면세 내용을 다음과 같이 정리합니다.

제2절 면세

제26조(재화 또는 용역의 공급에 대한 면세)

① 다음 각 호의 재화 또는 용역의 공급에 대하여는 부가가치세를 면제한다.

1. 가공되지 아니한 식료품[식용(食用)으로 제공되는 농산물, 축산물, 수산물과 임산물을 포함한다] 및 우리나라에서 생산되어 식용으로 제공되지 아니하는 농산물, 축산물, 수산물과 임산물로서 대통령령으로 정하는 것

2. 수돗물

3. 연탄과 무연탄

4. 여성용 생리 처리 위생용품

5. 의료보건 용역(수의사의 용역을 포함한다)으로서 대통령령으로 정하는 것과 혈액

6. 교육 용역으로서 대통령령으로 정하는 것

7. 여객운송 용역. 다만, 다음 각 목의 어느 하나에 해당하는 여객운송 용역으로서 대통령령으로 정하는 것은 제외한다.

    가. 항공기, 고속버스, 전세버스, 택시, 특수자동차, 특종선박(特種船舶) 또는 고속철도에 의한 여객운송 용역

    나. 삭도, 유람선 등 관광 또는 유흥 목적의 운송수단에 의한 여객운송 용역

8. 도서(도서대여 용역을 포함한다), 신문, 잡지, 관보(官報), 「뉴스통신 진흥에 관한 법률」에 따른 뉴스통신 및 방송으로서 대통령령으로 정하는 것. 다만, 광고는 제외한다.

9. 우표(수집용 우표는 제외한다), 인지(印紙), 증지(證紙), 복권 및 공중전화

10. 「담배사업법」 제2조에 따른 담배로서 다음 각 목의 어느 하나에 해당하는 것

    가. 「담배사업법」 제18조 제1항에 따른 판매가격이 대통령령으로 정하는 금액 이하인 것

    나. 「담배사업법」 제19조에 따른 특수용담배로서 대통령령으로 정하는 것

11. 금융·보험 용역으로서 대통령령으로 정하는 것

12. 주택과 이에 부수되는 토지의 임대 용역으로서 대통령령으로 정하는 것

13. 「공동주택관리법」 제18조 제2항에 따른 관리규약에 따라 같은 법 제2조 제1항 제10호에 따른 관리주체 또는 같은 법 제2조 제1항 제8호에 따른 입주자대표회의가 제공하는 「주택법」 제2조 제14호에 따른 복리시설인 공동주택 어린이집의 임대 용역

14. 토지

15. 저술가·작곡가나 그 밖의 자가 직업상 제공하는 인적(人的) 용역으로서 대통령령으로 정하는 것

16. 예술창작품, 예술행사, 문화행사 또는 아마추어 운동경기로서 대통령령으로 정하는 것

17. 도서관, 과학관, 박물관, 미술관, 동물원, 식물원, 그밖에 대통령령으로 정하는 곳에 입장하게 하는 것

18. 종교, 자선, 학술, 구호(救護), 그 밖의 공익을 목적으로 하는 단체가 공급하는 재화 또는 용역으로서 대통령령으로 정하는 것

19. 국가, 지방자치단체 또는 지방자치단체조합이 공급하는 재화 또는 용역으로서 대통령령으로 정하는 것

20. 국가, 지방자치단체, 지방자치단체조합 또는 대통령령으로 정하는 공익단체에 무상(無償)으로 공급하는 재화 또는 용역

② 제1항에 따라 면세되는 재화 또는 용역의 공급에 통상적으로 부수되는 재화 또는 용역의 공급은 그 면세되는 재화 또는 용역의 공급에 포함되는 것으로 본다.

제35조(면세하는 의료보건 용역의 범위) 법 제26조 제1항 제5호에 따른 의료보건 용역은 다음 각 호의 용역(「의료법」 또는 「수의사법」에 따라 의료기관 또는 동물병원을 개설한 자가 제공하는 것을 포함한다)으로 한다.

1. ~ 14. (중략)
15. 「사회복지사업법」 제5조의2제2항에 따라 보호대상자에게 지급되는 사회복지서비스 이용권을 대가로 국가 및 지방자치단체 외의 자가 공급하는 용역
16.~18. (중략)

제36조(면세하는 교육 용역의 범위)

① 법 제26조 제1항 세6호에 따른 교육 용역은 다음 각 호의 어느 하나에 해당하는 시설 등에서 학생, 수강생, 훈련생, 교습생 또는 청강생에게 지식, 기술 등을 가르치는 것으로 한다. <개정 2016. 2. 17.>

1. 주무관청의 허가 또는 인가를 받거나 주무관청에 등록되거나 신고된 학교, 학원, 강습소, 훈련원, 교습소 또는 그 밖의 비영리단체
2. 「청소년활동진흥법」 제10조 제1호에 따른 청소년수련시설
3. 「산업교육진흥 및 산학연협력촉진에 관한 법률」 제25조에 따른 산학협력단
4. 「사회적기업 육성법」 제7조에 따라 인증받은 사회적기업
5. 「과학관의 설립·운영 및 육성에 관한 법률」 제6조에 따라 등록한 과학관
6. 「박물관 및 미술관 진흥법」 제16조에 따라 등록한 박물관 및 미술관

② 제1항에도 불구하고 다음 각 호의 어느 하나에 해당하는 학원에서 가르치는 것은 법 제26조 제1항 제6호에 따른 교육 용역에서 제외한다.

1. 「체육시설의 설치·이용에 관한 법률」 제10조 제1항 제2호의 무도학원
2. 「도로교통법」 제2조 제32호의 자동차운전학원

▶ 부가가치세법에 의하면, ① 시행령 제35조 15. 「사회복지사업법」 제5조의2제2항에 따라 보호대상자에게 지급되는 사회복지서비스 이용권을 대가로 국가 및 지방자치단체 외의 자가 공급하는 용역, ② 시행령 제36조 1항 4. 「사회적기업 육성

법」제7조에 따라 인증받은 사회적기업은 부가가치세 면제 대상임.

▶ 따라서 창업자는 현재 사회적기업 인증을 취득한 상태로 사회복지서비스 이용권을 대가로 용역을 공급하는지를 먼저 판단하여 부가가치세 면세를 받도록 함.

참고 문헌 및 사이트

- 강영철 외(2008), 『전략 경쟁 분석』, 3Mecca.

- 국세청(2014), 『국세징수 사무처리 규정』, 국세청.

- 고용노동부(2018), 『사회적기업 인증 업무지침』.

- 박화진, 이철우, 차길환 외(2015), 『사회적기업 인증 업무매뉴얼』, 고용노동부.

- 신용백, 신경민(2016), 『생산운영관리』, 범한.

- 안광호, 하영원, 박흥수(2011), 『마케팅 원론』, 학현사.

- 오세훈(2009), 『원가관리회계실무』, 영화조세통람.

- 한국사회적기업진흥원(2012), 『사회적기업 매뉴얼』, 새한문화사.

- 국가법령정보센터(http://www.law.go.kr/)

- 고용노동부(http://www.moel.go.kr/)

- 사회적기업 통합시스템(http://www.seis.or.kr/)

- 사회적협동조합 살림(http://www.socialcenter.kr/)

- 서울특별시 사회적경제지원센터(http://sehub.net/)

- 한국사회적기업진흥원(http://www.socialenterprise.or.kr/)

PART 5

인증 취득
(도로 용품 제조)

❓ 창업자 질의 사항

Q 도로용품을 개발하여 생산하고 있는데, 영업 및 판로가 막막합니다. 공공기관에 우선 납품이 가능한 제품 인증 등을 받는 방안을 알려주세요.

A 창업자께서는 이미 제품 개발을 완료하고, 이를 주 고객대상인 공공기관에 납품하고 자 각종 인증을 받고자 합니다. 도로용품은 교통안전과 직결되는 것으로 국토교통부 의 '도로 안전시설 설치 및 관리 지침'에 의해 관리되고 있습니다. 교통용품을 구매하 는 고객은 주로 지방자치단체 등 공공기관과 민간 건설업체라고 볼 수 있습니다. 따라 서 공공기관의 우선구매 대상이 되는 인증을 취득하는 것이 필요할 것으로 보입니다.

「산업기술혁신 촉진법」에 의해 신제품(NEP) 인증을 받은 제품은 공공기관이 20% 의 무 구매 비율이 있어, 생산업자의 입장에서 매우 유리한 측면이 있습니다. 의무구매 공공기관은 중앙행정기관, 지방자치단체 등이 있으며, 각종 인증은 관련 법령에 의해 인증 기준이 정해져 있습니다. 더불어 창업자는 각종 인증의 혜택을 인식하고 있는 것 이 중요하며, 이 장에서는 신제품(NEP) 인증에 대해 상세히 알아보겠습니다.

01

일반 현황

인증의 종류는 인증 대상에 따라 기업인증, 제품인증, 절차(시스템)인증 등으로 나눌 수 있습니다. 인증의 목적은 창업경영에 있어서 여타 기업보다 상대적 우위를 점하기 위한 것입니다. 즉, 인증받은 기업이 그렇지 않은 기업보다 특정한 분야에서 상대적 우위에 있다는 것을 인정하는 것입니다.

▶ 기업인증은 기업의 경영 상태 등이 우수하다고 인증하는 것이라고 볼 수 있음.

▶ 절차인증은 그 기업이 가지고 있는 특정 시스템이 정해진 기준과 절차를 준수하고 있는 것을 말함.

▶ 제품인증은 그야말로 제품의 우수성을 인정받는 것으로, 여타의 제품보다 우수하여 영업과 판매에서 우위를 점하게 됨.

▶ 특히 제품인증은 정부 및 공공기관의 우선 구매의 기회를 부여받게 됨.

좌충우돌 **창업경영 오픈소스**

02
기업 인증

기업 인증은 기업의 현 상태를 점검하고 적합한 기업에 주어지는 인증을 말합니다. 기업 인증을 받는 목적은 ① 창업자가 여타 기업보다 경영상으로 우수하다는 것을 인증받아 정부 지원정책의 혜택을 받기 위해서, ② 경영 및 생산 등의 측면에서 체계적으로 관리되고 있는 기업으로 홍보하기 위해서라고 볼 수 있습니다.

▶ 창업 3년 이내의 초기 기업은 부설연구소 또는 연구개발전담 부서 인증을 받으면 다음과 같은 혜택이 있음.

① 연구개발과 관련 비용(인건비, 기자재, 원료비 등)의 절세(25%)
② 연구개발 자금 신청 시 우대
③ 연구소부지 구입 시 취·등록세가 감면
  (인증 혜택은 추후 변할 수 있으니 확인이 필요함)

가점 사항

분야	내용
인력지원	병역지정업체 신청 시 가점(10점)
자금지원	한국은행 C1·C2 저금리자금 적용대상(지방소재기업)
기술개발	부품소재기술개발사업 신청 시 가점(2점)
한국산업기술진흥원	해외규격인증획득 지원 사업 참여시 가점(5점)
한국산업기술평가관리원	첫걸음 부품소재기술개발사업 지원 시 가점(2점)

▶ 창업 초기 기업이 취득하면 유용한 인증 중의 하나가 '벤처 인증'임.

▶ 벤처 인증의 혜택은 창업 3년 이내 기업에 집중되어 있음. 혜택의 일부를 정리하면 다음과 같음.

벤처 인증 혜택(일부)

최초로 소득이 발생한 과세연도와 그다음 과세연도부터 4년간 법인세, 종합소득세 50% 감면
창업일로부터 4년 이내에 취득하는 사업용재산에 대해 취득세 75% 감면, 창업일로부터 5년간 재산세 50% 감면
법인설립 등기 시 등록세와 1년 이내의 벤처기업 설립 등기 시 등록세 면제 (「조세특례제한법」 120조)
정책자금 신청 시 중소기업정책자금 한도 우대
신용보증 심사 시 우대(보증한도 확대, 보증료율 0.2% 감면 등)

▶ 다다익선이라고 하여 인증을 무작정 많이 취득하는 것만이 능사는 아닌 것으로 보임. 인증을 취득하는 과정에서 기업의 경영관리 체계를 정립하고, 제품의 품질 자체를 향상시키도록 노력하는 것이 바람직함.

▶ 창업 3년 이상의 업력을 가진 기업이 받으면 유용한 인증은 다음과 같음.

① 메인비즈 인증.

② 이노비즈 인증.

③ 그린비즈 인증 등이 있음.

▶ 메인비즈 인증은 신용보증기금과 관련성이 높으며, 이노비즈 인증은 기술보증기금과 관련성이 높음. 이러한 기업 인증은 자체적으로 홍보 수단으로 사용할 수 있음.

메인비즈 인증 혜택

구분	내용
신보 보증 시 보증료율	0.1%p 차감 우대
신용보증비율	신보 부분보증비율 85% 적용
신보 매출채권보험료	15% 차감 우대
은행대출금리 우대	한국은행, 농협은행, 산업은행, 기업은행, 신한은행

이노비즈 인증 혜택

구분	내용
금융지원협약보증 (기술보증기금)	기술평가보증으로 100% 전액 보증 지원 가능
기술보증우대지원 (기보)	기술보증기금에서는 기술을 중요시하므로 기술로 특허, 실용신안, 디자인 등이 있으면 우선 심사와 가점을 부여하는 장점이 있음
기술금융지원 사업	담보력이 부족한 혁신형 중소기업에 대한 투·융자 지원
무역보증우대 (무역보험공사)	무역보증보험료 20% 할인, 이용한도 최대 2배 우대, 연대보증인 1인 입보가능
보증지원 (농림수산업자)	이노비즈기업 보증한도 최대 30억 원 이내
신용보증기금	일반 개인/단체 10억 원 이내, 일반 법인 15억 원 이내
매출채권보험 (신용보증기금)	신용보증기금 보험료 15% 할인, 가점부여, 보험인수비율 85%
서울보증	보증한도신용등급별 10~30억 원 우대, 보증료율 10% 할인
산업은행(우대대출)	시설 및 운영 자금 금리우대, 통화전환, 수수료 면제
가점부여(각 부처)	신성장기반자금, 경영안정자금 등 가점부여

▶ 그린비즈는 중소기업이 녹색경영 시스템 도입으로 에너지 절감, 온실가스 감축, 환경오염 절감, 사회윤리적 책임성을 통하여 저탄소 녹색성장을 실현하고, 이를 통해 자금조달, 수출, 판로 등을 유리하게 지원받을 수 있는 제도임.

그린비즈 인증 혜택

구분	내용
중소기업진흥공단	신성장기반자금지원 시 우대
기술보증기금	보증금액 사정특례
서울보증보험	보증한도확대 및 이행보증료 우대
조달청심사 시	조달청물품구매 적격심사 및 게약이행능력심사 신청 시 가점
특허출원 시	우수그린비즈대상 특허출원 시 우선심사대상포함
성능 인증 시	기술개발제품 성능 인증 평가 시 가점
기술개발사업신청 시	기술개발사업 지원과제 선정 시 가점

03

제품 인증

제품 인증에는 신기술 인증, 신제품 인증, 성능 인증, K마크 인증, Q마크 인증, MAS제도 등이 있습니다. 그중에서 신기술 인증은 중소기업이 개발한 신기술을 발굴하고 그 기술을 인증하여 제품의 신뢰성을 제고하는 것입니다. 신기술 인증은 신기술의 상용화를 통해 제품의 구매력을 창출하고 거래를 촉진시킵니다.

신기술 인증(NET)

구분	내용
이론에서 상용화	이론으로 정립된 기술을 시작품 등으로 제작하여 시험 또는 운영, 향후 2년 이내에 상용화가 가능한 기술
기술력수준	실증화 시험을 통하여 정량적 평가지표를 확보한 기술로서 향후 기존 제품 성능을 현저히 개선시킬 수 있는 기술
생산성과 품질	제품의 생산성과 품질을 향후 현저히 향상시킬 수 있는 공정과 기술
기술기준	「산업기술혁신촉진법 시행령」 제18조 2항의 기준을 충족하는 기술

신제품 인증(NEP)

구분	내용
적용제품	국내 최초로 개발된 기술이 적용된 제품을 정부가 인증하여, 기술 개발과 판로 확보를 촉진하기 위한 제도
성능과 품질	경제적·기술적 파급효과가 크면서, 성능과 품질이 우수한 제품으로서 실용화된 지 3년 이내의 신제품이 인증 대상
공공기관의 의무구매	우선구매 대상(20% 의무 구매)이 되므로 초기 판로 확보기관의 의무구매 (입찰, 계약 및 하자보증 등)
기술금융지원 (기보)	중소기업기술혁신개발사업 가점
정부 사업 참여	국가 R&D 사업 및 중기청 사업 참여시 가점 부여
정부포상·지원	신기술 실용화 정부포상 대상, 인력, 인증, 수출 등 각종 지원

▶ 신기술 인증(NET)과 신제품 인증(NEP)의 차이점을 살펴보면 다음과 같음.

▶ 신기술 개발을 완료하고 상품화를 추진하는 단계에서 ① 시장에 제품을 출시하기 이전이면 신기술(NET) 인증을 추진하고, ② 시장에 제품을 출시한 이후(3년 이내)이면 신제품(NEP) 인증을 추진하도록 함.

신기술 인증(NET)과 신제품 인증(NEP)의 비교

구분		NET	NEP
인증대상		신기술 : 국내 최초로 개발된 기술 및 이에 준하는 대체기술로서 실용화시 경제적 기술적 파급효과가 큰 기술	신제품 : 신기술을 이용하여 실용화에 성공한 제품(3년이내)
인증주체		지식경제부 기술표준원 (산업기술진흥협회) 건교부 (건설교통기술평가원) 환경부 (환경관리공단)	지식경제부(기술표준원)
유효기간		3년 (최대 7년 연장)	3년 (최대 3년 연장)
지원방안		인증기술의 실용화 지원	인증제품의 판로확보 지원
Fast Track[3]		(해당 없음)	NET인증 및 전력신기술 제품인증기술을 적용한 신제품 인증심의 시 적용
인증요령	통합	지식경제부 주도	지식경제부 주도
	세부	인증제도 운영 부처별로 실정에 적합한 세부요령 제정	
신제품 인증제도 운영협의체		신기술인증제도의 발전을 위한 「신제품인증제도 운영협의체」 구성·운영	
인증마크			

▶ 따라서 신기술 인증(NET)은 다음의 표와 같이 정리할 수 있음(자료: 금융위원회 기업금융 나들목).

좌충우돌 **창업경영 오픈소스**

구분	신기술 인증 (NET, New Excellent Technology)
시행근거	「기술개발촉진법」 6조, 「시행령」 28조, 신기술(NET) 인증 및 사후관리 시행세칙
신청대상	- 이론으로 정립된 기술을 시제품으로 제작해서 시험 또는 운영(실증화)함으로써 정량적 평가지표를 확보한 개발 완료된 기술로 향후 기존제품의 성능을 현저히 개선할 수 있는 기술 - 제품생산성이나 품질을 향후 현저하게 향상할 수 있는 공정기술
인증주관기관	- 정부 부처: 지식경제부 기술표준원(www.kats.go.kr) - 운용기관: 한국산업기술진흥협회(www.koita.or.kr)
인증 (기술·제품) 지원제도	- 판로지원 - 신기술제품 수의계약(「국가 계약법률 시행령」 26조) - 국가, 지방자치단체, 정부투자기관 공공단체 우선구매 추천(「기술개발촉진법」) - 우수 조달품 선정 우대(「조달사업에 관한 법 시행령」 18조) - 자금지원 - 기금평가 등급 산출 시 가점부여 - 보증 전결권 우대(기술신용보증기금) - 소요자금 사정 시 우대지원 - 세제 지원 - 인증기술을 기업화하기 위한 투자자산 세액공제: 설비투자의 7/100(조특법) - 기타 - 중소기업청 사업 참여 시 우대 - 국가기술개발사업 지원 시 우대
인증신청, 접수	- 접수시기: 년 3~4회 - 절차: 산업기술진흥협회 신청 공고(사전 방문하여, 상담 후 신청) - 부서: 산업기술진흥협회 심사평가팀 - 전화; 02) 3460-3022 - 홈페이지: www.netmark.or.kr - 1차 심사 20만 원(접수 시 납부) - 2차 심사 50만 원(2차 심사 확정시 납부, 시험 분석 필요시 신청자 부담)
구비서류	- 신기술 인증 신청서(별지서식) - 신청기술 설명서(별지서식) - 신기술성을 증명하는 자료 사본 1부 - 특허법에 따라 지정받은 전문기관의 선행기술 조사 결과 1부 - 품질경영체계 설명자료, 국제표준화기구(ISO) 인증서 사본

▶ 또한 신제품은 다음의 표와 같이 정리할 수 있음.

구분	신제품 인증 (NEP, New Excellent Product)
시행근거	「산업기술혁신 촉진법」 16조, 「동법 시행령」 18조(신제품 인증절차)
신청대상	- 국내에서 최초로 개발된 기술 또는 이에 준하는 대체기술로서 기존기술을 혁신적으로 개선, 개량한 신기술이 적용된 제품으로 사용자에게 판매되기 시작한 지 3년을 경과하지 않은 신개발제품
인증주관기관	- 총괄분야 - 정부 부처: 지식경제부 기술표준원 - 운용기관: 한국산업기술진흥협회 - 건설분야 - 정부 부처: 국토해양부(www.mltm.go.kr) - 운용기관: 한국 건설교통기술평가원(www.kicttep.re.kr) - 환경분야 - 정부 부처: 환경부(www.me.go.kr) - 운영기관: 한국환경기술 진흥원(www.kiest.re.kr)
인증 (기술·제품) 지 원제도	- 판로지원 - 공공기관 20% 의무구매(「산업기술혁신 촉진법」) - 우수제품 등록 시 가점(조달청) - 공공기관 우선구매 대상(중소기업청) - 자금지원 - 산업기반자금 융자신청 시 우대(산업기술혁신 촉진법) - 기술보증기금 기술평가 가점 적용 우대 - 혁신형 중소기업 기술금융지원(국민, 기업, 산업, 우리은행) - 기타 - 중소기업 기술혁신개발사업 가점 - 자본재 공제조합 입찰보증, 계약보증 차액보증, 지급보증, 하자보증 시 우대
인증신청, 접수	- 접수시기: 수시접수 - 절차 - 주관: 지식경제부 기술표준원(신청 전 사전 상담이 효과적임) - 부서: 기술표준원 신기술 인증 지원과 - 전화: 02) 509-7286~89 - 홈페이지: www.kats.go.kr - 평가비용: 무료 단, 기술표준원 이외기관에서 시험분석 의뢰 시 해당비용 신청자가 부담
구비서류	- 신제품 인증 신청서(별지서식) - 신청제품 설명서(별지서식) - 신기술성을 증명하는 자료 사본 1부 - 특허법에 따라 지정받은 전문기관의 선행기술 조사 결과 1부 - 품질경영체계 설명자료 및 국제표준화기구(ISO) 인증서 사본 - 다른 법률에서 해당제품 사용 전 검사, 검증을 요하는 경우 결과 증빙자료 1부

성능 인증

구분	내용
목적	중소기업의 기술개발제품에 대해 정부가 성능검사를 거쳐 성능이 확인된 제품을 공공기관이 우선 구매할 수 있도록 지원하는 제도로서, 중소기업의 기술개발을 촉진하고, 공공구매 확대를 도모함에 있음
대상 제품	성능 인증의 대상품목에서 제외되는 분야: 의약품, 농·수산물, 총포·화약류, 사행성 제품, 식, 음료품, 비가공 제품 등
인증 혜택	기술개발제품 우선구매대상-조달청 우수제품 등록 시 가점 부여 성능보험에 가입된 제품을 생산·공급하는 중소기업자에게는 우선 참가자격 부여

K마크인증

구분	내용
취지	「산업기술혁신 촉진법」 제 41조 2항에 근거한 인증제도. 공산품의 시험 및 검사를 통해 품질수준을 평가하고, 기술개발 촉진, 소비자의 편익 증대, 사용자 보호를 위한 제3자 인증 성격을 가지며 임의인증 제도
대상 제품	○ 기계 및 화학제품: - 기계류: 산업기계, 공작기계, 공조기계, 승강기 및 부품류, 음식물 감량처리기 등 - 재료 및 화학 제품류: 세라믹, 고무 제품, PE 제품, 수지류 제품 등 건설 및 토목 제품 - 토목·건축 기자재류: 상하수도관, 블럭류, 창호세트, 맨홀류 등 - 도로교통 시설물: 볼라드, 방음판, 가드레일, 충격흡수시설 등 ○ 전기·전자제품 - 전기·전자 기기: 음향기기, 가전기기, 전기장치, 전기부품류 등 - 측정 및 계측기기류: 환경계측기, 전기계측기, 정밀계측기 등 - IT기기: 컴퓨터, 프린터, 프로젝터, 정보처리장치 등 ○ 의료제품 - 의료기기: 심박수계, 체지방분석기, 요화학분석기 등 ○ 스포츠용품 - 러닝머신, 야외운동기구, 패러글라이더 등 ○ 신개발품 - 일정한 품질인증기준이 없고 제품의 인지도를 높이려는 제품 및 부품
인증 혜택	- 기술보증기금의 기술우대보증 혜택: 보증비율 우대 - 국방조달본부, 각 공공기관 입찰 시 가점 수혜 - 조달청 우수제품 신청 시 품질인증 대상 - 객관적인 평가 인증을 통한 제품 신뢰성 확보

Q마크

구분	내용

품질
보증
마크
	- 제조업체가 해당 분야 민간 시험연구원에 품질테스트를 마쳤음을 인증받은 민
	  간인증마크
	- KS기준이 아직 마련되지 않아 KS표시를 받을 수 없는 제품도 Q마크를 획득할 수
	  있으며, 전기·전자제품 및 기타 공산품의 품질을 보증하고 성능평가 및 안전성 평
	  가를 거쳐 합격된 제품은 Q마크를 부착할 수 있음

인증 대상	KS기준이 없고, 품질인증이 필요한 제품. 표준과 기준이 제정되어 있는 제품을 인증 기관에서 제조업체를 대상으로 함
인증 혜택	- 정부기관 판로지원 - 국방부 조달본부 입찰 및 공공기관 입찰참가자격 부여 - 시험연구원 각종 시험수수료 감면 혜택 - 관련분야 전문가의 지속적인 품질관리

04
절차 인증

절차 인증에는 ISO 품질경영 및 환경경영 인증 등이 있고, 그 외 서비스품질 인증 등이 있습니다. 해외 주요 인증을 보면 다음과 같습니다.

▶ UL
  : 제품성능 및 안전에 관한 표준인증(미국의 공식인증기관).

▶ CE
  : 안전, 건강, 환경 및 소비자보호와 관련 EU 이사회 지침의 요구사항을 모두 만족한다는 의미의 통합규격 인증마크(유럽연합 시장에서 상품 판매를 하기 위해서는 의무적으로 CE마킹이 표시되어야 함).

▶ CCC(china compulsory certification)
  : 중국의 인증제도로 중국 시장 진출 시 제품 및 부품 인증을 받아야 판매가 가능함(중국인증기관에 신청, 기술문서와 샘플 제출, 중국 내 시험기관에서 안전·품질 검사를 통과한 제품).

▶ PSE마크

: 일본의 인증제도로 「전기용품안전법」에 의한 전기용품형식 승인(전기용품, 가전제품의 제조 등에 관한 인증).

▶ FDA

: 미국연방 약품. 의료기기, 식약품 및 화장품 등에 대한 인증(미국식품의약청 인증).

▶ FCC

: 미국의 통신정책법에 근거한 것으로 전파발생장치 및 사용 시 전파를 발생하는 부품이나 구성요소를 파악하고 승인을 통해 안정성을 확보하는 인증.

05
환경 인증

환경 및 에너지 관련 인증으로는 환경마크, 녹색인증, 녹색기술 인증, 고효율 기자재 인증, 탄소성적 표지 인증, RoHS 인증 등이 있습니다. 인증별 특징을 살펴보면 다음과 같습니다.

환경마크

구분	내용
개요	동일 용도의 제품과 서비스 가운데 생산→유통→사용→폐기 등 전과정 의 각 단계에 걸쳐 에너지 및 자원의 소비를 줄이고 오염물질의 발생을 최소화 할 수 있는 친환경 제품을 선별해 환경표지와 설명을 표시토록 하는 제도
인증 대상	문구류, 사무용기기류, 사무용 가구류 등/전기자재류, 수도·배관 자재류, 설비류 등/세제류, 섬유, 가죽류, 기타 잡화류 등/전기 기기류, 전자기기류, 가구류 등/자동차 관련 제품류, 여가·문화 관련 제품류/원료·자재류, 조립 제품 장비류 등/에너지 및 대체 에너지 사용 제품류, 플라스틱·고무·목재 제품류, 금속 무기 재료·요업 제품류 등/숙박시설 운영업 등
인증 혜택	- 조달청 '물품구매입찰 적격심사'에 입찰할 경우 1.5점(최대 3점)의 가산점 부여 - 「녹색제품 구매촉진에 관한 법률」 제6조에 따라 공공기관 의무구매 - 조달청 우수제품 등록 지원(종합기술평가서 발급 업무) - 지자체 및 정부 운영제도에서 인증제품 사용 혜택 - 인증제품 홍보 및 유통 판매처 개척지원

녹색인증

구분	내용
개요	금융지원·세제 등을 통해 민간산업 참여 확대 및 기술시장 산업의 신속한 성장을 유인할 필요성에 의거, 녹색성장정책의 실질적 성과를 이루기 위하여 도입된 제도
대상 분야	신재생 에너지 보급·확산 사업/탄소저감 플랜트/시스템 구축 사업/첨단수자원 개발·처리·관리/첨단 그린주택·도시·기반시설 보급·확산 사업/청정생산 기반구축사업
대상 기업	창업 1년 이상 경과한 기업이 인증받은 녹색기술에 의한 직전년도 매출액 비중이 총 매출액의 20% 이상인 기업
인증 기관	한국산업기술진흥원(KIAT) 내 녹색인증사무국(녹색인증 기획팀과 녹색인증 평가지원팀, 녹색인증 발급지원팀으로 나뉨)

녹색기술인증

개요	- 신재생에너지: 탄소저감, 첨단수자원, 그린 IT, 그린차량, 선박 - 첨단그린 주택도시: 신소재, 청정생산, 친환경농식품, 환경보호 및 보전
융자지원 확대	- 중소기업정책자금융자 우선지원 및 지원한도 예외 적용 - 기술보증 중점 지원/수출금융지원 우대 - 수출 및 금융계약 손실 보상/산업별 보급 융자 참여 우대
판로·마케팅 지원	- 정부발주공사우대/공공구매·국방조달심사 우대 - 중기청 우수제품 신청 가능/해외전시회 참가우대 - 수출 기업화 지원 사업 우대/해외 수출 마케팅 우대 - 조달청 MAS(다수공급자계약) 우대/나라장터 종합쇼핑몰 등재지원 - 라디오·TV·DMB 광고료 지원

고효율기자재인증

구분	내용
개요	- 관련 법률: 「에너지이용 합리화법」 제22조, 제23조, 「고효율 에너지기자재보급촉진에 관한 규정」 - 고효율시험기관에서 측정한 에너지소비효율 및 품질시험결과 전 항목을 만족하고 에너지 관리 공단에서 고효율에너지 기자재로 인증받은 제품을 뜻함
대상	항온항습기: 컨버터 외장형 LED램프, 컨버터 내장형LED램프, 매입형 및 고정형 LED등기구, LED 보안 등기구, LED 센서 등기구, 인버터, 난방용 자동 온도조절기LED 교통신호등, 복합기능형 수배전시스템, 메탈할라이드 램프용 안정기, 직화흡수식 냉온수기, 단상 유도전동기, 환풍기, 수중폭기기, 메탈할라이드램프, 고휘도 방전(HID) 램프용 고조도 반사갓, 기름연소온수보일러, 산업·건물용기름보일러, 축열식버너, 터보블로어, LED유도등, LED 모듈 전원공급용 컨버터, PLS(PlasmaLighting System) 등기구, 고기밀성단열문, 초정압 방전램프용 등기구, LED센서 등기구, LED가로등기구, LED 투광등기구, LED 터널등기구, 직관형 LED램프(컨버터외장형), 전력저장장치(ESS), 최대수요전력 제어장치, 문자간판용 LED모듈, 냉방용 창유리필름, 가스진공 온수보일러, 형광램프 대체형, LED램프(컨버터내장형)
혜택	에너지정책자금 신청 시 우대

탄소성적표지인증

구분	내용
개요	제품생산과정에서 발생한 탄소의 총량(탄소발자국)을 제품에 라벨 형태로 표기하는 제도로서 일상 생활용품, 가정용 전기기기, 서비스 등 모든 제품의 생산, 운송, 사용, 폐기 등 전 과정에서 발생하는 온실가스 발생량을 이산화탄소 발생량으로 환산해 라벨 형태로 제품에 부착하는 것을 말함
주무 관서	한국환경산업기술원 탄소표지제도 홈페이지(www.edp.or.kr)
혜택	- 기업의 이미지 제고, 인증제품의 홍보, 정부 및 공공기관의 기후변화관련 포상추천 - 정부주도 구매활성화 대상 제품에 저탄소제품(인증제품) 포함(예정)

RoHS인증

구분	내용
개요	(전기·전자제품 유해물질 사용 제한 지침) 전기·전자제품에 특정유해물질 사용제한에 관한 규정인증을 말함. RoHS(The Restriction of the use of certain Hazardous Substances in···)
대상	전기·전자장비, 장난감, 레저, 스포츠장비, 의료장비, 모니터링 및 제어장비, 자동판매기 등
인증 방법	검사대상 제품에 대한 정밀분석 성적서를 인증기관과 협의 후 검증과 자체정밀분석 시험을 통해 인증을 취득하게 되며, 서류상 및 제품 상태에서 인증을 받는 것을 원칙으로 하며 비용은 통상 3천 유로 내외로 소요되는 것으로 알려져 있음
영향	환경규제는 EU 지역 외의 기업의 활동에도 큰 영향을 주고 있음. 글로벌화가 진행되어 해외에도 생산이나 조달을 확대해 무역장벽을 극복하는 데 기여하고 있음

▶ 국내 주요 인증 관련 사이트는 다음과 같음.

▶ 제품인증 등
- MAS제도: (사)정부조달마스협회(http://www.gmas.or.kr/)
- 조달우수제품인증: (사)정부조달우수제품협회(http://www.jungwoo.or.kr/)
- 신기술 인증: 한국산업기술진흥협회(https://www.netmark.or.kr/)
- 환경신기술: 환경신기술정보시스템(https://www.koetv.or.kr/)
- 신제품 인증: 국가표준기술원(http://www.kats.go.kr/)
- 서비스품질우수기업인증: (사)한국서비스진흥협회(ㅍwww.koas.or.kr/)
- KS인증: 국가기술표준원(https//e-ks.kr/www.ksmark.or.kr/)

▶ 전기용품안전인증 등
- 한국기계전기·전자시험연구원(http://www.ktc.re.kr/)
- 한국산업기술시험원(http://www.ktl.re.kr/)
- 한국화학융합시험연구원(http://www.ktr.or.kr/)

06
성능 인증(EPC)

창업자는 신제품 기술력과 경쟁력을 제고하기 위하여 성능 인증(EPC)을 추진합니다.

가. 개요

▶ 중소기업은 (사)한국산학연협회에서 운영하는 중소벤처기업부 성능 인증제도(EPC)를 활용하여 신제품의 우수한 성능을 입증하는 것이 필요함.

▶ 성능 인증은 중소벤처기업부에서 중소기업이 개발한 기술개발제품의 성능을 인증하여 공공기관의 기술개발제품 구매를 지원하는 제도임.

▶ 성능 인증 취득을 통해 '기술개발제품 우선구매제도' 지원 대상이 될 수 있으며, 공공기관 등과 수의계약을 체결할 수 있는 요건을 갖추게 됨.

| 1 신청 | 2 적합성 심사 | 3 공장심사 | 4 성능검사 | 5 인증서 발급 |

① 기술 검토
② 발급서류 점검 및 준비
③ 가점항목 체크 및 준비
④ 시험항목 및 기관선정
⑤ 신청 서류 작성

① PT작성 및 리허설

① 공장심사 준비

나. 신청대상 및 방법

▶ '중소기업기본법 제2조의 중소기업'에 해당하고, 특허/실용신안 또는 기술개발제품 관련인증을 보유하고 있는 중소기업.

▶ 구매정보망(smpp.go.kr)에 '중소기업' 구분으로 회원가입을 한 후, 전산서식을 활용하여 온라인으로 신청이 가능함.

① 성능 인증신청 (업체→온라인)	www.smpp.go.kr →회원가입 (공공구매 종합정보)	처리기간 30일 (예외: 적합성심사기간, 제품시험기간, 신청업체의 요청)
② 성능 인증 적합성심사 - 면제대상: NEP, NET, GS - 합격기준: 70점 합격	탈락	② 성능 인증 적합성심사 - 면제대상: NEP, NET, GS - 합격기준: 70점
③ 구매공공기관 규격·조건 확인 통보	공공기관 규격 미확인 통보 등 ⇨	③ 구매공공기관 규격·조건 확인
④ 공장심사(지방청) - 합격기준: 65점 합격	탈락 ⇨	④ 공장심사(지방청) - 합격기준: 65점
⑤ 성능시험 실시(지방청) - 국가 공인시험기관 및 민간 시험기관 KORAS 성적서 제출 시 검토 후 생략 합격		
⑥ 성능 인증서발급(지방청) 구매지원	※ www.smpp.go.kr→알림마당→법령정보→2page→ 중소기업기술개발제품 우선구매제도 운영 등에 관한 시행세칙(중소기업청 고시 제2009-52호)	
⑦ 사후관리(지방청) : 우선구매 요청		

성능 인증 절차도

다. 인증 절차

▶ 신정접수(온라인)⇨요건검토(전문기관)⇨수수료 납부⇨공개검증⇨적합성심사⇨규격확인⇨공장심사(현장방문)/성능심사⇨인증서 발급.

▶ 성능 인증 적합성 심사기준표는 다음과 같음.

성능 인증 적합성 심사표(최초)

제품명			
적용기술명			
기술성평가 (80)	성능 개선도 (20)	(20) (15) (10) (0)	- 국내 최고수준의 제품 대비 핵심 성능이 크게 향상(30% 이상) - 국내 최고수준의 제품 대비 핵심 성능이 다소 개선(10% 이상) - 국내 최고수준의 제품 대비 부가적인 성능이 개선 - 국내 최고수준의 제품 대비 성능개선이 미흡
	개선 난이도 (20)	(20) (15) (10) (0)	- 제품의 동종업계에서 기술 달성이 매우 어려움 - 제품의 동종업계에서 기술 달성이 보통 어려움 - 제품의 동종업계에서 기술 달성이 조금 어려움 - 제품의 동종업계에서 기술 달성에 어려움 없음
	발전성 (20)	(20) (15) (10) (0)	- 향후 지속적인 발전가능성이 큰 제품성능 - 향후 지속적인 발전가능성이 다소 있는 제품 - 현재의 수준에서 제한적인 발전이 가능한 제품 - 대체품 개발에 의해 더 이상 발전하기 어려운 제품
	파급성 (20)	(20) (15) (10) (0)	- 핵심제품으로 산업전반에 파급력이 큰 제품 - 전문제품으로 적용범위가 한정되어 응용성이 적은 제품 - 단순개량제품으로 적용분야이외에 응용성이 제한적인 제품 - 파급효과를 기대하기 어려운 제품
경제성평가 (20)	생산/ 가격 경쟁력 (10)		0% 이하(10점), 0% 초과~6% 미만(8점), 6% 이상~12% 미만(6점), 12% 이상~18% 미만(4점), 18% 이상(2점) ※ 산출식=(신청제품의 가격-기존제품×가격)/기존제품 가격×100 ○ 기존 제품: 국내 시장에서 점유율이 가장 높은 제품
	시장 규모 (10)	(10) (8) (6) (4) (0)	- 해외시장 개척이 가능하고 국내 잠재 시장규모도 상당히 큼 - 수출 잠재성은 낮으나 국내 잠재 시장규모가 상당히 큼 - 국내 시장규모가 어느 정도 형성될 수 있음 - 일부 특정분야에만 사용가능하며 시장규모가 협소함 - 일정 규모 시장이 형성될 가능성이 매우 낮음
총 점			

공장심사 평가 기준

항목	평가지표	평점					점수
경영 상태 (10)	○ 기업신용평가등급 - 회사채 또는 기업어음에 대한 신용평가등급일 경우에는 붙임 참조	**1** CCC+이하 또는 없음	**2** B+~B-	**3** BB+~BB-	**4** BBB+~BBB-	**5** AAA~A-	
	○ 경영자의 기술혁신 추진의지 및 인지도 - 기술개발 역량·의지· 국내외 시장동향 인식 등	**1** 아주 낮음	**2** 낮음	**3** 보통	**4** 높음	**5** 아주 높음	
기술 개발 여건 (40)	○ 기술개발 전담조직 유무	**2** 일반 부서와 병행	**5** 자체 전담부서	**7** 전담부서	**10** 기업부설 연구소		
	○ 기술개발 인력보유 -(전담인력/상시종업원 수)×100	**1** 2% 미만	**3** 2% 이상	**5** 5% 이상	**7** 7% 이상	**10** 10% 이상	
	○ R&D 비율 -(기술개발비/매출액)×100	**1** 2% 미만	**2** 2% 이상	**3** 5% 이상	**4** 7% 이상	**5** 10% 이상	
	○신기술 인증보유 — NEP, NET, GS 등	**4** 0개	**6** 1개	**8** 2개	**10** 3개 이상		
	○신기술 인증보유 — 특허(전용실시권 포함), 실용신안, 디자인 등록 보유	**3** 1개	**4** 2개	**5** 3개 이상			

항목	평가지표	평점				점수
생산 및 품질 관리 (50)	○ ISO9001, ISO14001, 단체표준인증제품, GR, R, 환경표지인증, KS 등 공인인증 보유	2	3	4	5	
		1개	2개	3개	4개 이상	
	○ 성능 인증 신청제품 생산에 필요한 설비 보유 현황 - 연구개발 전문기업 등과 생산기업이 지 속적인 계약에 의 해 위탁생산할 경 우에는 위탁공장 을 기준	7		11	15	
		30% 미만		70% 미만	70% 이상	
	○ 생산기술 축적 정도(공장등록 연수 또는 핵 심기술자의 당해분야 종 사 연수)	3	5	7	10	
		1년 미만	1~3년 미만	3~5년 미만	5년 이상	
	○ 제품생산 방법 - 연구개발 전문기업 등과 생산기업이 지 속적인 계약에 의 해 위탁생산을 하 는 경우에는 직접 생산으로 간주	6		10		
		외주제작		직접생산		
	○ 성능 및 품질관리 확 보체계 등(정성적 평 가: 10점)					
가점 (3)	○ 벤처기업, Inno-Biz 기업, 내일채움공제, 중소기업특성화고 채 용협약기업, 수출기 업(최근 3년)	1	2	3		
		1개	2개	3개 이상		

07

신제품 인증(NEP)

신제품 인증을 중심으로 상세한 내용을 다음과 같이 정리하였습니다. 이는 여타 인증을 준비하는 데도 도움이 될 것으로 보입니다.

가. 인증 준비서류

구분	서류명	서류형태
신청 서식	① 신제품 인증 신청서[온라인작성, 원본 우편(방문) 제출 필수] - 유효기간 연장신청 시, 유효기간 연장신청서 작성 ② 신청제품 설명서(별지 제8호 서식)	「산업기술혁신 촉진법」 시행규칙 별지서식
구비 서류	③ 신기술성을 증명하는 자료 각 1부 ④ 「산업표준화법」제2조 제3호에 따른 품질경영과 관련된 활동을 하고 있는지에 대한 설명자료 또는 국제표준화기구(ISO)의 인증서(ISO9001 인증서, IATF16949, 품질경영체제 구축관련 자료 등) ⑤ 다른 법률에서 해당 제품에 대하여 사용 전 검사·검증 등을 필요로 하는 경우에는 그 절차를 거쳤음을 증명하는 자료(산업안전보건법 등에서 강제적으로 검사·검증 등의 인증을 받았다는 인증서 등) 제출 ⑥ 신청제품 관련 공인시험기관 시험성적서[반드시 신청모델명 또는 신청제품명이 명시된 공인시험기관 시험성적서 원본 우편(방문) 제출 필수], 운영요령 제7조(제품심사)에 따른 공인시험기관 시험성적서 원본, 12개월 이내 ⑦ 신청제품 관련 실용화 자료(신청모델명 또는 신청제품명이 명시된 납품실적증명서, 계약서, 거래명세표, 세금계산서 등, 모델명이 미기재된 증명서의 경우 상동함을 증빙 가능한 서류 포함) ⑧ 사업자등록증 사본 ⑨ 중소기업 입증서류(해당 시 필수제출, 세무회계사 날인을 받은 중소기업기준검토표, 중소기업확인서 등)	

구분	서류명	서류형태
구비 서류	인증심사자료의 사전공개 동의서	운영요령 별지 제1호 서식
신기 술성 증명 자료	※ 신기술성을 증명하는 자료(다음 중 어느 하나에 해당하는 자료) ① 산업기술혁신 촉진법 제15조의2에 따른 신기술 인증서 및 관련 평가자료 ② 「환경기술 및 환경산업 지원법」에 따른 신기술 인증서 및 관련 평가자료 ③ 「건설기술관리법」에 따른 신기술 인증서 및 관련 평가자료 ④ 「전력기술관리법」에 따른 신기술 인증서 및 관련 평가자료 ⑤ 신청제품과 관련된 산업재산권을 증명하는 서류 ⑥ 연구개발 최종결과보고서 ⑦ 신청제품 개발내용이 게재된 논문 또는 학술지 ⑧ 「발명진흥법」 제39조에 따라 특허청으로부터 우수발명품으로 선정되었음을 증명하는 자료 ⑨ 산업통상자원부가 시행하는 기술개발지원 사업으로 개발된 제품임을 증명하는 자료 ⑩ 「특허법」 제86조에 따라 발급받은 특허증 또는 제100조에 따라 특허권자로부터 전용실시권을 이전받았음을 증명하는 자료(특허자료 제출 시 원부와 청구항, 요약부분까지 첨부)

※ ILAC(국제시험기관인정협력체) 협정에 따른 시험 및 검사 분야 인정기구(예: KOLAS)로부터 인정받은 공인시험기관(예: KTL, KTR, KCL)

나. 인증 심사절차 및 심사기준

▶ 신제품 인증의 심사절차와 심사기준은 다음과 같음.

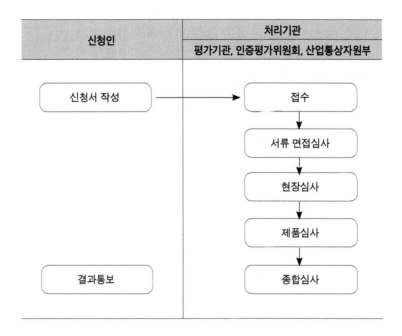

신청인	처리기관 평가기관, 인증평가위원회, 산업통상자원부
신청서 작성	접수
	서류 면접심사
	현장심사
	제품심사
결과통보	종합심사

구분	심사기준	비고
서류심사	**A. 기술성 평가** 1. 국내외 기술수준과 비교하여 기술적 우위 정도 2. 제품에서 차지하는 기술적 가치의 비중 정도 3. 제품의 성능 및 품질을 재현할 수 있는 기술의 완성 정도 4. 기술의 수직적 측면에서 성장·발전의 가능성 정도 5. 핵심기술이 제품의 본연의 기능 및 성능과 직접적인 관련 정도 **B. 경제성 평가** 1. 기존 유사·동종제품에 대한 성능·품질의 우위성 2. 시장수요의 충족정도, 가격수준 등 생산·가격 경쟁력 정도 3. 신규 시장개척, 수입대체, 수출증대 등 시장규모의 정도 **C. 기타 사항** 1. 제품의 개발 및 실용화 정도 2. 인증 제외대상 해당여부 및 해당제품에 대한 강제인증 획득 여부 3. 우수한 품질의 제품을 생산할 수 있는 품질경영체계 구축 정도 4. 기술개발자들의 해당기술에 대한 개발능력 보유 정도 5. 유사품목에 인증여부 및 재신청 가능기간 준수 여부 6. 공인기관 시험성적서 제출 및 선행기술 권리 침해 여부 7. 추가확인 필요자료	
현장심사	**A. 제품평가** 1. 연구개발 현황 및 기술개발방법(자체개발내용, 비중 등) 2. 제품의 국산화 및 부품 수입정도 3. 제품개발의 문제점과 한계성 극복정도 **B. 품질경영체계** 1. 품질경영 및 자재의 관리 정도 2. 공정관리의 상태(품질인증시스템) 및 제품의 품질관리 정도 3. 시험·검사상태 및 부품·재료·완제품 관리상태 **C. 기타 사항** 1. 서류심사 제출자료 진위여부 2. 제품의 시장성 및 지원 필요내용 3. 부품, 재료 등의 국산화 정도 4. 제품설계 정도(독자설계, 외국기술도입 등)	
제품심사	1. 신기술 적용제품에 대한 성능 및 품질 우위정도 2. 제품시험 성능에 대한 객관화 및 평가방법·인증기준의 적정성 3. 제품의 구조 및 성능 4. 시험성적서 제출 5. 추가확인 필요자료	
종합심사	· 인증기준의 적합여부, 서류·현장·제품심사 결과 적정 및 인증의 필요성	

▶ 신제품(NEP)인증 평가 의견서 양식에 의거 자체적으로 예상 점수(사례 59점 취득)를 산정해 볼 수 있음(평가자의 주관에 따라 예상 점수는 달라질 수 있음).

▶ 따라서 다음과 같이 자체 평가를 진행하고 의견을 작성하다 보면, 추후 진행될 현장심사를 대비할 수 있음. 창업자는 항상 신청제품의 개선 및 개량된 특징 등을 추가 발굴하고, 시험성적서 등 객관적 사실에 근거한 설명이 필요함.

신제품(NEP)인증 평가 의견서(사례)

구분		배점	평점	평가 의견 내용
핵심기술	혁신성	20	10	기존 기술을 일부 개선, 개량한 기술
	적용성	10	5	핵심기술 적용으로 부가적인 성능을 개선
	기술적 파급	10	8	적용 분야가 한정되어 파급 효과가 제한적
제품성	향상도	20	10	다른 제품 대비 부가적인 성능과 품질 개선
	난이도	10	5	신청제품 수준의 개발이 다소 어려움
	발전성	10	5	현재 수준에서 일부 개선이 가능한 제품
경제성	가격	10	6	가격 경쟁력이 우수함
	경제적 파급	10	10	해외 개척이 가능하고, 국내 시장규모가 큼
합계		100	59	

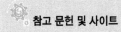

참고 문헌 및 사이트

- 김병수(2015), 『국토교통 R&D 동향조사』, 국토교통과학기술진흥원.

- 법령(2015), 「도로법 해설」, 국토교통부.

- 법령(2018), 「도로법」, 국토교통부.

- 법령(2019), 「도로법 시행령」, 국토교통부.

- 법령(2019), 「도로법 시행규칙」, 국토교통부.

- 법령(2015), 「도로의 구조·시설 기준에 관한 규칙」, 국토교통부.

- 법령(2019), 「국도도로안전시설 설치 및 관리지침」, 국토교통부.

- 법령(2019), 「신제품(NEP) 인증 및 구매촉진 등에 관란 운영요령」, 산업통상
자원부.

- 정준화 외(2013), 「야간·우천시 도로 시인성 증진 및 평가 기술 개발 기획」,
한국건설기술연구원.

- 인증표준 콜센터(http://www.1381call.kr/)

- 한국산업기술진흥협회(https://www.koita.or.kr/)

- 한국산업기술진흥협회 신제품 인증(http://www.nepmark.or.kr/)

- 한국산업기술진흥협회 신기술 인증(http://www.netmark.or.kr/)

- 한국산학연협회(https://plus.auri.go.kr/)

- 한국인정기구 KOLAS(https://www.knab.go.kr/kolas/)

- 한국제품인정제도 KAS(https://www.knab.go.kr/kas/)

PART 6

세무 회계
(지역 협동조합)

❓ 창업자 질의 사항

Q 사회적 협동조합을 설립하여 지역사회에 이바지하고자 합니다. 세무회계에 대해 전혀 모르는데 무엇부터 공부해야 할까요?

A 사회적 협동조합도 법인이기 때문에 일반 기업과 동일하게 재무제표를 만들고, 관계 법령에 따라 세무 업무를 수행하게 됩니다. 특히 사회적기업 또는 협동조합은 정부 지원 사업이 다수 있으므로, 시의적절한 사업에 지원하여 그 혜택을 활용하는 것이 필요합니다. 보증기관에서도 협동조합에 대한 특례 보증제도가 시행되고 있습니다.

재무회계 또는 세무회계는 비전공자 창업자에게 매우 낯선 용어이고, 반복해서 들어도 잘 습득되지 않는 분야이기도 합니다. 그러나 재무(세무)회계 업무는 금전을 다루는 것으로, 창업자들이 어느 정도 기본사항을 익히고 있어야 수익관리를 할 수 있습니다. 기업을 창업하는 이유가 이윤을 얻기 위한 것이기 때문에, 창업자들은 기본 용어 및 개념을 익히는 것이 특히 필요합니다. 더불어 손익분기점 분석 등을 통해 기업의 재무성과를 측정하고 비교하여, 점차 개선된 재무상태를 유지하도록 노력해야 합니다. 이 장에서는 재무회계 및 사회적기업의 회계 업무 등에 관해 설명하겠습니다.

01

재무제표

가. 구성 요소

재무제표는 경영활동의 성과를 금액으로 표현하는 것으로 경영자에게 의사결정 정보를 제공합니다. 따라서 기업의 경영자는 물론이고 주주 및 투자자자 등 기업의 이해관계자에게 필요한 재무정보를 제공합니다.

▶ 재무제표는 재무상태표(구 대차대조표), 손익계산서, 이익잉여금(또는 결손금)처분계산서 등으로 구성되며, 합계잔액시산표를 통해 당해 연도 누적된 금액을 확인할 수 있음.

구 분	기업회계기준서	상법	법인세법
명 칭	재무제표	영업보고서	세무조정계산서
종 류	대차대조표		
	손익계산서		
	이익잉여금처분계산서 (결손금처리계산서)		
	현금흐름표	영업보고서	현금흐름표
	자본변동표		주석소득금액조정명세서
	주석		자본금과적립금명세서
			부속명세서

174

나. 작성 과정

▶ 먼저 전표(거래의 발생) 입력을 계정별로 완료하면 합계잔액시
산표를 만들 수 있고, 이는 재무상태표, 손익계산서, 제조원
가보고서(제조업의 경우)에 반영됨.

▶ 작성과정에 회계기준의 원칙을 적용하여야 하며, 이는 신뢰
성, 명료성, 충분성, 비교성, 중요성, 안정성, 실질성의 특성을
잘 반영하여야 함.

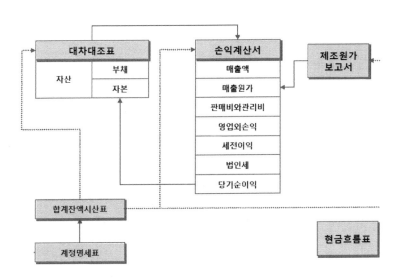

재무상태표는 일정 시점(회기말)에서의 기업의 재무 상태를 표현하는 것으로, 유동성 순서를 기준으로 작성하게 됩니다.

▶ 기업의 모든 재화의 구성을 보여주는 것으로, 자금 조달의 원천인 타인자본과 자기자본의 합계 금액은 자산의 합계 금액과 일치하게 됨.

가. 자산 항목

▶ 자산은 유동자산과 비유동자산으로 구분함.

① 자산은 1년을 기준으로 유동자산과 비유동자산으로 분류함.

② 유동자산은 당좌자산과 재고자산으로 구분하고, 비유동 자산은 투자자산, 유형자산, 무형자산, 기타 비유동자산 으로 구분함.

③ 당좌자산 내에 별도 표시하는 항목의 예는 현금 및 현금 성 자산, 단기투자자산, 매출채권, 선급비용, 미수금, 미수 수익 등임.

④ 재고자산 내에 별도 표시하는 항목의 예는 상품, 제품, 반 제품, 재공품, 원재료, 저장품 등임.

⑤ 투자자산은 장기성예금, 장기적인 투자수익을 얻기 위해 가지고 있는 채무증권과 지분증권, 지분법적용투자주식, 영업활동에 사용되지 않는 토지와 설비자산, 설비확장 및 채무상환 등에 사용할 특정 목적의 예금을 포함함.

⑥ 유형자산은 재화의 생산이나 용역의 제공, 타인에 대한 임 대, 또는 자체적으로 사용할 목적으로 보유하고 있으며, 물리적 형태가 있는 비화폐성자산으로서 토지, 건물, 기계 장치 등을 포함함.

⑦ 유형자산 중 별도로 표시하는 분류 항목의 예는 토지, 설 비자산, 건설중인자산 등임.

⑧ 무형자산은 물리적 형체는 없지만 식별가능하고 기업이 통제하고 있으며 미래 경제적 효익이 있는 비화폐성자산으로 산업재산권, 저작권, 개발비 등과 사업결합에서 발생한 영업권을 포함함.

⑨ 무형자산의 예는 영업권, 산업재산권, 개발비, 라이선스와 프랜차이즈, 저작권, 컴퓨터 소프트웨어, 임차권리금, 광업권, 어업권 등임.

⑩ 기타비유동자산은 임차보증금, 이연법인세자산(유동자산으로 분류되는 부분 제외), 장기매출채권 및 장기미수금 등 투자자산, 유형자산, 무형자산에 속하지 않는 비유동자산을 포함함.

나. 부채 항목

▶ 부채는 유동부채와 비유동부채로 구분함.

① 부채는 1년을 기준으로 유동부채와 비유동부채로 분류함.

② 정상적인 영업주기 내에 소멸할 것으로 예상되는 매입채무와 미지급비용 등은 보고기간종료일로부터 1년 이내에 결제되지 않더라도 유동부채로 분류함.

③ 유동부채의 예는 단기차입금, 매입채무, 당기법인세부채, 미지급비용, 이연법인세부채 등임. 비유동부채 중 보고기

간 종료일로부터 1년 이내에 자원의 유출이 예상되는 부분은 유동부채로 분류함.

⑤ 비유동부채의 예는 사채, 장기차입금, 퇴직급여충당부채, 장기제품보증충당부채, 이연법인세부채 등이 있음.

다. 자본 항목

▶ 자본은 자본금, 자본잉여금, 자본조정, 기타포괄손익누계액 및 이익잉여금(또는 결손금)으로 구분함.

① 자본금은 법정자본금으로 함.

② 자본잉여금은 증자나 감자 등 주주와의 거래에서 발생하여 자본을 증가시키는 잉여금임. 예를 들면, 주식발행초과금, 자기주식처분이익, 감자차익 등이 포함됨.

③ 이익잉여금(또는 결손금)은 손익계산서에 보고된 손익과 다른 자본항목에서 이입된 금액의 합계액에서 주주에 대한 배당, 자본금으로의 전입 및 자본조정 항목의 상각 등으로 처분된 금액을 차감한 잔액임.

03
손익계산서

손익계산서는 일정기간(회계연도) 동안의 경영 성과를 보여주는 것으로 수익 및 비용의 원천을 알 수 있으며, 발생주의 원칙에 따라 작성하게 됩니다.

▶ 기업은 특히 매출원가 및 판매관리비 관리를 통해서 비용의 원천을 잘 분석하여 예산 절감 등을 관리할 필요가 있음.

가. 손익계산서 항목

▶ 손익계산서는 다음과 같이 구분하여 표시함. 다만, 제조업, 판매업 및 건설업 외의 업종에 속하는 기업은 매출총손익의 구분표시를 생략할 수 있음.
① 매출액, ② 매출원가, ③ 매출총손익, ④ 판매비와 관리비, ⑤ 영업손익, ⑥ 영업외수익, ⑦ 영업외비용, ⑧ 법인세비용, ⑨ 당기순손익.

좌충우돌 **창업경영 오픈소스**

나. 손익계산서 내용

▶ 매출액은 업종별이나 부문별로 구분하여 표시할 수 있으며, 반제품매출액, 부산물매출액, 작업폐물매출액, 수출액, 장기 할부매출액 등이 중요한 경우에는 이를 구분하여 표시함.

▶ 매출원가는 제품, 상품 등의 매출액에 대응되는 원가로서 판매된 제품이나 상품 등에 대한 제조원가 또는 매입원가임. 매출원가의 산출과정은 손익계산서 본문에 표시함.

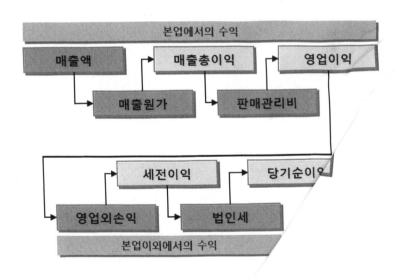

▶ 판매비와 관리비는 제품, 상품, 용역 등의 판매활동과 기업의 관리활동에서 발생하는 비용으로서 매출원가에 속하지 아니하는 모든 영업비용을 포함함.

▶ 영업외수익은 기업의 주된 영업활동이 아닌 활동으로부터 발생한 수익과 차익임. 영업외수익은 이자수익, 임대료, 유형자산처분이익, 전기오류수정이익 등을 포함함.

▶ 영업외비용은 기업의 주된 영업활동이 아닌 활동으로부터 발생한 비용과 차손임. 영업외비용은 이자비용, 기타의 대손상각비, 재고자산감모손실(비정상적으로 발생한 재고자산감모손실에 한함), 기부금, 유형자산처분손실, 전기오류수정손실 등을 포함함.

좌충우돌 **창업경영 오픈소스**

04
유형자산과 감가상각

가. 유형자산의 개념과 분류

▶ 토지, 건물, 구축물, 기계장치, 건설중인자산, 차량운반구, 비품, 공기구 등의 유형자산은 재화의 생산 및 용역의 제공, 타인에 대한 임대 또는 자체적으로 사용할 목적으로 보유하는 물리적인 형체가 있는 자산으로서, 1년을 초과하여 사용할 것이 예상되는 자산임.

▶ 유형자산은 취득원가에서 감가상각누계액과 손상차손누계액을 차감하는 형식으로 재무상태표에 표시함.

건물	1,000,000	
감가상각누계액	(200,000)	
손상차손누계액	(100,000)	700,000

나. 감가상각

▶ 감가상각은 유형자산의 감가상각대상금액(취득원가에서 잔존 가치를 차감한 금액)을 해당 자산의 내용연수 동안 합리적이고 체계적 방법(정액법 등)으로 배분하는 것임. 유형자산의 감가 상각은 자산이 사용가능한 때부터 시작함.

▶ 토지와 건설중인자산은 감가상각대상 자산에 포함되지 아니함.

다. 사용중단 유형자산의 감가상각

▶ 일시적인 중단 후 장래에 사용을 재개할 예정인 경우는 감가상 각을 하며 해당 자산의 감가상각비를 영업외비용으로 처리함.

▶ 사용을 중단하고 장래에 처분할 예정인 경우는 감가상각을 하지 않으며 사용을 중단한 시점의 장부금액으로 재무상태 표에 표시함.

라. 감가상각 회계

▶ 일반적으로 감가상각액은 판매관리비로 처리함. 즉, 감가상각액이 다른 자산의 장부금액에 포함되지 않으면 동 감가상각액은 판매관리비로 처리함.

▶ 감가상각액이 다른 자산의 장부금액에 포함되어야 한다면 동 감가상각액은 해당 자산의 장부금액에 가산함. 제조기업의 제조공정에 사용되는 유형자산의 감가상각액은 해당 자산의 장부금액에 가산함. 즉, 제조기업의 감가상각액은 제조원가를 구성하여 재공품 등 재고자산 장부금액을 구성함.

재무상태표 영향-비유동자산 중 일부

비품	200,000	
감가상각누계액	(50,000)	150,000

손익계산서 영향-판매관리비 중 일부

IV.판매비와 관리비		XXXXX	XXXXX
급여	XXXXX		
상여금	XXXXX		
퇴직급여	XXXXX		
감가상각비	50,000		
......	XXXXX		

손익분기점

▶ 손익분기점(BEP)은 고정비를 (1-변동비/매출액)으로 나눈 것임. 손익분기점은 총비용이 총수입과 같아지는 지점을 말함.

▶ 손익분기점을 다음 사례와 같이 계산해 보면 매출액이 손익분기점에서 2017년 35백만 원, 2018년 약 20백만 원을 미달하고 있음. 따라서 기업의 상품(용역) 단가 등을 적정하게 재산정하는 것 등이 필요함.

손익분기점 분석(사례)

구분	2017년	2018년	비고
매출액	109,718	177,719	①
고정비	116,603	85,565	②
판매관리비	116,523	84,110	
영업외비용	80	1,455	
변동비	89,368	114,777	③
외주용역비	76,552	101,132	외부 강사
소모품비	12,816	13,645	수업 자료

구분	2017년	2018년	비고
영업외수익	89,719	15,582	④
손익분기점 매출액	144,946	197,600	(②-④)/(1-③/①)
손익분기점율(%)	132.1%	111.2%	
손익분기점 초과액	△35,228	△19,881	
고정비 대 매출액 비율	106.3%	48.1%	
변동비 대 매출액 비율	81.5%	64.6%	

▶ 손익분기점(BEP, break-even point)은 특히 원가회계 분야에서 총비용과 총소득이 동등한 지점을 의미함.

▶ 기회비용이 지불되고 리스크 조정된 기대수익이 발생했지만, 절대적 손실이나 순이익이 없는 것을 의미함. 다시 말해 지불되어야 하는 모든 비용이 지불된 상태이고 특별한 이익이나 손실이 없는 상태를 말함.

▶ 변동비용은 생산량이나 매출액의 변화에 따라 변화하는 비용임. 직접노무비, 연료비 등이 대표적인 변동비용임. 대부분 생산량의 증감과 비례하지만 정확하게 정비례하지 않는 경우도 있음.

▶ 고정비용은 매출액이나 생산량과는 상관없이 소요되는 비용으로 건물 임대료나 지대, 감가상각비, 상시 근로자의 임금 등이 이에 속함.

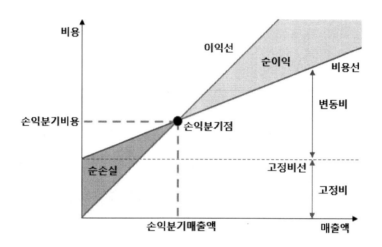

06
사회적기업 회계

▶ 사회적기업의 보조금은 자산관련보조금과 수익관련보조금으로 분류되며, 대부분 수익관련보조금에 해당함. 수익관련보조금을 받는 경우에는 당기의 손익에 반영함.

▶ 회사의 주된 영업활동과 직접적인 관련성이 있다면 영업수익으로, 그렇지 않다면 영업외수익으로 회계 처리함. 해당 비용에서 차감 표시하는 방법도 가능함.

가. 인건비지원 보조금

▶ 사회적기업의 신규 고용창출로 인한 인건비 부담을 경감시키고자 국가에서 신규고용인원의 인건비 및 회사부담분 사회보험료를 지원하고 있음.

▶ 최저임금수준으로 최대 3년간 지원받을 수 있으며, 1년 단위로 재심사함. 인건비지원보조금을 수령한 경우 영업외수익으

로 처리하는 방법과 해당 비용에서 차감 표시하는 방법, 두 가지 대체적인 회계처리가 가능함.

제1안-'영업외수익'으로 처리

IV. 영업외수익		XXXXX
이자수익	XXXXX	
인건비지원보조금	1,000,000	
개인후원금	XXXXX	
국고보조금	XXXXX	
잡이익	XXXXX	

제2안-해당 비용에서 차감 표시

IV. 판매비와 관리비		XXXXX
급여	XXXXX	
인건비지원보조금	(1,000,000)	
상여금	XXXXX	
제수당	XXXXX	
퇴직급여	XXXXX	
복리후생비	XXXXX	
......	XXXXX	

나. 전문인력지원 보조금

▶ 사회적기업이 채용하는 전문인력에 대한 인건비 및 회사부담분 사회보험료를 지원하는 것임. 사회적기업 1사당 최대 3명에 대해서 지원받을 수 있으며, 최대 200만 원까지 지원하고 있음.

▶ 전문인력지원보조금을 수령한 경우 영업외수익으로 처리하는 방법과 해당 비용에서 차감표시하는 방법, 두 가지 대체적인 회계처리가 가능함.

제1안-'영업외수익'으로 처리

Ⅳ.영업외수익		XXXXX
이자수익	XXXXX	
전문인력지원보조금	1,000,000	
개인후원금	XXXXX	
국고보조금	XXXXX	
잡이익	XXXXX	

제2안-해당 비용에서 차감 표시-가능

다. 사업개발비지원 보조금

▶ 사회적기업의 브랜드(로고)개발, 시제품제작, 기술개발, 홍보, 교육훈련 등의 사업에 대한 개발비를 지원하고 있음. 공모를 통해 신청받고 있으며, 사용가능한 용도가 정해져 있음. 이 경우 인건비, 자본재투자 등 수익 모델개발과 관련이 없는 용도에는 사용할 수 없음.

▶ 사업개발비지원보조금은 경제적, 사회적 목적을 적극적으로 실현하기 위한 기술개발 등을 지원하기 위한 보조금으로서 수익관련보조금으로 볼 수 있음. 다만, 이러한 기술개발 활동 자체를 사회적기업의 영업목적으로 볼 수 없기 때문에, 사업개발비지원보조금은 영업외수익으로 분류하는 것이 타당함.

제1안-'영업외수익'으로 처리

IV.영업외수익		XXXXX
이자수익	XXXXX	
사업개발비지원보조금	1,000,000	
개인후원금	XXXXX	
국고보조금	XXXXX	
잡이익	XXXXX	

제2안-해당 비용에서 차감 표시-불가능

라. 사회보험료지원 보조금

▶ 사회적기업 중 일자리창출사업(신규고용·창출)에 참여하지 않는 단체의 근로자 및 일자리창출사업에 참여하는 단체의 인건비 지원 대상이 아닌 근로자에 대해 회사 부담분 사회보험료를 지원하고 있음.

▶ 사회보험료지원보조금을 수령한 경우 영업외수익으로 처리하는 방법과 해당비용에서 차감 표시하는 방법, 두 가지 대체적인 회계처리가 가능함.

제1안-'영업외수익'으로 처리

Ⅳ.영업외수익		XXXXX
이자수익	XXXXX	
사회보험료지원보조금	1,000,000	
개인후원금	XXXXX	
국고보조금	XXXXX	
잡이익	XXXXX	

제2안-해당 비용에서 차감 표시-불가능

마. 장애인고용장려 보조금

▶ 장애인고용을 장려하기 위해 지원하는 보조금임. 대부분 인건비로 사용되지만 인건비지원보조금이 개인별로 지급되는 것과는 달리, 장애인 고용장려보조금은 장애인고용에 대한 보조금으로 지급됨.

▶ 특정 비용을 지원하기 위한 보조금이라기보다는 장애인 고용촉진을 위한 지원의 성격으로 보는 것이 타당하기 때문에 영업외수익으로 처리하는 것이 타당함.

제1안-'영업외수익'으로 처리

IV.영업외수익		XXXXX
이자수익	XXXXX	
장애인고용장려보조금	1,000,000	
개인후원금	XXXXX	
국고보조금	XXXXX	
잡이익	XXXXX	

제2안-해당 비용에서 차감 표시-불가능

바. 직업재활시설 시설비(운영비) 보조금

▶ 사업재활시설에 시설비 및 운영비를 지원하는 보조금임.

▶ 직업재활시설 시설비(운영비)보조금을 수령한 경우 영업외수익으로 처리하는 방법과 해당 비용에서 차감 표시하는 방법, 두 가지 대체적인 회계처리가 가능함.

제1안-'영업외수익'으로 처리

IV.영업외수익		XXXXX
이자수익	XXXXX	
시설비(운영비)보조금	1,000,000	
개인후원금	XXXXX	
국고보조금	XXXXX	
잡이익	XXXXX	

제2안-해당 비용에서 차감 표시-가능

사. 새터민고용장려 보조금

▶ 장새터민고용을 장려하기 위해 지원하는 보조금임. 대부분 인건비로 사용되지만 인건비지원보조금이 개인별로 지급되는 것과는 달리, 새터민 고용장려 보조금은 새터민고용에 대한 보조금으로 지급됨.

▶ 특정 비용을 지원하기 위한 보조금이라기보다는 새터민 고용촉진을 위한 지원의 성격으로 보는 것이 타당하기 때문에 영업외수익으로 처리하는 것이 타당함.

제1안-'영업외수익'으로 처리

IV.영업외수익		XXXXX
이자수익	XXXXX	
새터민고용장려금	1,000,000	
개인후원금	XXXXX	
국고보조금	XXXXX	
잡이익	XXXXX	

제2안-해당 비용에서 차감 표시-불가능

아. 기부금 등

▶ 통상적으로 사회적기업은 현금 또는 현물 기부금을 받고 있음. 현금기부금은 기부받은 금액을 자산수증이익으로 계상하고, 현물기부금은 해당 물건의 공정가치를 자산수증이익으로 계상하여 모두 영업외수익으로 처리하는 것이 타당함.

제1안-'영업외수익'으로 처리

IV.영업외수익		XXXXX
이자수익	XXXXX	
기부금	1,000,000	
개인후원금	XXXXX	
국고보조금	XXXXX	
잡이익	XXXXX	

제2안-해당 비용에서 차감 표시-불가능

▶ 현물기부금은 공정가치로 평가하여 회계 처리함.

(사례) 시가 2천만 원 상당의 차량을 기부를 받은 경우(당해 연도 감가상각비 10% 계산하는 경우)

재무상태표 영향

Ⅱ.비유동자산		
(1)투자자산		
(2)유형자산		XXXX
차량운반구	20,000,000	
감가상각누계액	(2,000,000)	18,000,000

손익계산서 영향

Ⅳ.영업외수익		XXXX
이자수익	XXXX	
기부금	20,000,000	
개인후원금	XXXX	
국고보조금	XXXX	
잡이익	XXXX	
Ⅳ.판매비와 관리비		XXXX
급여	XXXX	
상여금	XXXX	
제수당	XXXX	
퇴직급여	XXXX	
감가상각비	2,000,000	
……	XXXX	

자. 퇴직급여충당부채

▶ 대부분의 사회적기업이 퇴직연금제도(확정기여형 퇴직연금제도
와 확정급여형퇴직연금제도)가 아닌 퇴직금제도를 운용하고 있
기 때문에 퇴직급여충당부채를 계상하여야 함.

▶ 퇴직급여충당부채는 결산기말 현재 전임직원이 일시에 퇴직
한다고 가정할 때 지급하여야 할 퇴직금에 상당하는 금액(총
퇴직금추계액)을 계상하는 부채임.

▶ 먼저 결산기말 현재 총퇴직금추계액을 산출하여 퇴직급여충당
부채를 확정하고, 장부에 이미 계상되어 있는 퇴직급여충당부
채 잔액과 비교하여 부족한 금액을 퇴직급여라는 당기비용으
로 계상하면서 동시에 퇴직급여충당부채의 증가로 계상함.

재무상태표 영향-비유동부채 중 일부

부채	
Ⅰ.유동부채	
매입채무	XXXXX
단기차입금	XXXXX
......	XXXXX
Ⅱ.비유동부채	
장기차입금	XXXXX
퇴직급여충당부채	5,200,000
......	XXXXX
부채총계	

손익계산서 영향-판매관리비 중 일부

Ⅳ.판매비와 관리비		XXXXX
급여	XXXXX	
상여금	XXXXX	
제수당	XXXXX	
퇴직급여	1,500,000	
복리후생비	XXXXX	
……	XXXXX	

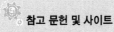 **참고 문헌 및 사이트**

- 강영철 외(2008), 『전략 경쟁 분석』, 3Mecca.

- 고용노동부(2018), 『사회적기업 인증 업무지침』.

- 박화진, 이철우, 차길환 외(2015), 『사회적기업 인증 업무매뉴얼』, 고용노동부.

- 신용백, 신경민(2016), 『생산운영관리』, 범한.

- 안광호, 하영원, 박흥수(2011), 『마케팅 원론』, 학현사.

- 오세훈(2009), 『원가관리회계실무』, 영화조세통람.

- 한국사회적기업진흥원(2012), 『사회적기업 매뉴얼』, 새한문화사.

- 국세청 홈페이지(http://www.nts.go.kr/)

- 고용노동부(http://www.moel.go.kr/)

- 사회적기업 통합시스템(http://www.seis.or.kr/)

- 사회적협동조합 살림(http://www.socialcenter.kr/)

- 서울특별시 사회적경제지원센터(http://sehub.net/)

- 한국사회적기업진흥원(http://www.socialenterprise.or.kr/)

- 협동조합(http://www.coop.go.kr/)

- e-store 36.5+(https://www.sepp.or.kr/)

PART 7

재도전 지원
(유기질 비료 제조)

❓ 창업자 질의 사항

Q 기존 사업을 폐업한 경력이 있습니다. 좋은 창업 아이템으로 재창업하고자 합니다. 재도전 지원 사업은 어떤 것이 있나요?

A 기업을 창업하고 정상 또는 비정상으로 폐업한 사업주들이 많습니다. 이들은 창업 및 제품에 대한 지식과 경험이 풍부합니다. 신규 창업자들에 비해서 약 2~3배의 창업 수행능력이 있다고 봅니다. 특히 재창업자들은 다양한 인적 네트워크를 형성하고 있습니다. 인적 자산은 충분하여도 사업을 하기 위한 금전적 자산은 크게 여유가 없는 경우가 있습니다.

재도전 창업자들 중에는 개인회생 등의 사유로 부채를 아직 상환하고 있는 경우도 더러 있습니다. 기존 개인회생 채무를 상환한 경우에도 채무불량정보가 잔존하고 있어 자금 조달에 어려움이 있습니다. 그러나 최근에는 정부정책에 힘입어 중소벤처기업진흥공단 등에서 자금지원을 하고 있습니다. 재도전 창업자들은 다양한 재도전 지원사업을 탐색하여 초기 창업자금을 확보하는 것이 필요합니다. 채권금융기관이 아닌 지방자치단체 등은 다양한 재도전 성공 패키지를 통해 재도전 창업자들을 정책적으로 지원하는 것입니다. 이 장에서는 이러한 재도전 사업에 관해 설명하겠습니다.

01
주관기관

가. 한국자산관리공사(캠코)

▶ 한국자산관리공사(캠코)는 중소기업의 효율적 회생 지원을 위하여 '기업구조혁신지원센터'를 운영하고 있음.

▶ 채무자는 '기업구조혁신지원센터'를 통하여 투자자 매칭 지원, 자산 매입 후 임대 프로그램 등 다양한 지원 방안을 안내받을 수 있음.

▶ 캠코의 기업-투자자 매칭 지원은 민간투자자로부터 투자를 받아 경영 애로사항을 겪고 있는 구조개선 기업을 지원하는 것임.

▶ 민간투자자의 투자는 신규자금 제공(CB 인수 등) 외에도 Buy-out, M&A 및 사업구조조정 등 다양한 방식을 의미하는 것임.

▶ 문의처(기업혁신지원부)

   - 전화: 02) 3420-5108~5110

   - 방문: 서울특별시 강남구 강남대로 262, 20층(서울센터)

   - 홈페이지: www.kamco.or.kr

나. 연합자산관리 주식회사(유암코)

▶ 연합자산관리 주식회사(유암코)는 2016년 6월 22일경에 법원과 업무협약을 체결하고, 아래와 같은 내용의 회생기업 지원 업무를 수행하고 있음.

   ① 인가 전 또는 인가 후 M&A 진행 기업의 인수.

   ② 인가 전 또는 인가 후 회사에 대한 신규자금 투입.

   ③ 회생담보권 변제 목적의 비영업용 또는 영업용 자산 매수.

▶ 회생절차 진행 기업의 설립 목적, 자산 규모 등에 따라 지원 여부를 결정하게 됨.

   ① 우선지원 대상: 제조업, 자산 100억 원 이상 기업.

   ② 인가 전 또는 인가 후 M&A 진행 기업의 인수.

▶ M&A 절차 중에 잠재적 매수인으로 회생기업의 인수 및 회생절차의 원활한 진행을 지원함.

▶ 인가 전 또는 인가 후 회사에 대한 신규자금 투입 지원을 통해 채무자의 계속적인 영업활동 및 회생절차 수행을 지원함.

▶ 문의처(유암코)
- 전화: 02) 2179-2400
- 방문: 서울 중구 서소문로 116, 4층~6층(서소문동, 유원빌딩)
- 홈페이지: www.uamco.co.kr

다. 중소벤처기업진흥공단(중소벤처기업부)

▶ 중소기업진흥공단으로부터 회생컨설팅 지원대상으로 선정된 회생신청 중소기업에 대하여 조사위원 선임을 생략하고 그 역할을 회생컨설팅 수행기관인 회생컨설턴트로 하여금 수행하도록 함.

▶ 나아가 회생기업의 실질적인 회생을 돕기 위해 사업구조 개편이나 구조조정에 대한 조언 등 회생컨설팅을 제공하는 제도임.

▶ 회생컨설팅 지원대상 중소기업은 회생컨설팅 사업 주관기관인 중소기업진흥공단에서 선정하고, 회생컨설턴트 수행비용

도 일부 회생기업 자체부담금 및 부가가치세를 제외하고는 3,000만 원 범위 내에서 위 주관기관에서 지원함.

▶ 기업회생절차를 진행하기 위해서는 신청대리인 선임비용, 조사위원 보수 등 상당한 비용이 필요한데, 이는 경제적 파탄 상태에 이른 중소기업에게 상당한 부담이 됨.

▶ 중소기업진흥공단으로부터 용역수수료를 지급받는 회생컨설턴트로 하여금 조사위원의 역할을 대신하게 함으로써 조사위원 보수지급 부담을 덜고, 이와 같이 절약한 비용을 회생회사 운영자금이나 변제재원으로 투입하도록 하여 회생기업의 재기에 도움을 주고자 함.

▶ 진로제시컨설팅
① 서울회생법원에 회생절차 개시 신청하기 전 단계에서 지원이 이루어지는 컨설팅임.
② 지원대상 선정 여부가 회생절차 개시신청 이전에 결정되고, 회생기업에 대한 실사를 통해 회생절차 이외의 다른 방향의 해결책을 함께 모색함.
③ 회생절차 개시신청서 제출 단계부터 지원이 이루어지므로, 조사위원 보수뿐만 아니라 신청대리인 비용을 절약할 수 있다는 장점이 있음.

▶ 협의의 회생컨설팅

① 회생절차 개시신청을 한 후 지원이 이루어지는 컨설팅임.

② 중소기업이 서울회생법원에 회생절차 개시신청을 한 후 보전처분 단계에서 법원의 안내를 받아 중소기업진흥공단에 지원 신청함.

③ 지원대상 선정 여부가 회생절차 개시결정 무렵에 결정되어, 회생절차 진행 중 지원 사업 협약서를 작성함.

④ 회생절차 개시신청 후 회생컨설팅 지원이 이루어지므로, 신청대리인 비용 절감효과는 기대하기 어렵지만, 조사위원 보수비용 절감효과가 있음.

▶ 지원 내용

① 회생절차 개시신청부터 회생계획 인가 시까지 전 과정에 대한 상담·자문 등을 지원하고, 회생컨설턴트가 관여하여 작성된 관리인 조사보고서는 조사위원 조사보고서에 갈음함.

② 다만, 회생회사는 회생컨설팅 지원여부와 상관없이 회생절차 개시신청 후 법원이 명한 예납금을 납부하여야 하고, 회생계획 인가 후 예납금을 반환받을 수 있음.

▶ 문의처(중소기업진흥공단 재도약성장처)

- 전화: 055) 751-9635, 9636/02) 2183-6783(서울지역센터, 뉴스

타트 상담센터)

- 팩스: 055-751-9629
- 홈페이지: www.rechallenge.or.kr
- 이메일: sp1030@sbc.or.kr(뉴스타트 상담센터 관련)

라. 신용보증기금

▶ 회생기업 M&A 보증
 : 「채무자 회생 및 파산에 관한 법률」에 따라 회생절차 진행
   중인 회생기업의 경영권을 인수하고자 하는 기업에게 인수
   대금을 보증 지원함.

▶ 보증대상기업
 : 신사업 진출과 구조조정을 위해 회생기업 M&A를 추진 중
   인 중소·중견기업(인수기업)이 대상임.

▶ 보증대상자금
 : M&A 회생계획안에 반영된 회생기업 인수대금 및 부대비용
   이 해당됨.

▶ 보증한도

: 30억 원 이내에서 M&A 소요자금 지원한도, 자기자본한도, 피인수기업의 인수가치한도 중 적은 금액(인수기업이 지식기반 기업 또는 녹색성장산업 영위기업인 경우에는 70억 원 이내).

▶ M&A보증한도 산정방법

: MIN{① 소요자금한도, ② 자기자본한도, ③ 인수가치한도}

① 소요자금한도: M&A 소요자금의 50%

② 자기자본한도: 인수기업 자기자본의 300%

③ 인수가치한도: 회생기업 청산가치금액

▶ 보증료 및 보증기간

: 보증료는 인수기업의 미래성장성등급별로 차등하며, 보증기간은 5년 이상 장기 운용함.

▶ 문의처(신용보증기금 투자금융센터 M&A팀)

- 전화: 02) 2014-0251~4
- 방문: 서울 서대문구 서소문로 21, 8층(충정타워)
- 홈페이지: www.kodit.co.kr/work/mna/intro.jsp

마. 개인파산회생지원변호사단

▶ 서울회생법원은 2017년 11월 8일 서울지방변호사회와 개인도
산지원변호사단에 관한 업무협약을 체결하였고, 이에 따라
2018년 10월 서울지방변호사회 내에 '개인파산회생지원변호
사단'이 구성됨.

▶ 홈페이지 참조
  : https://www.seoulbar.or.kr/site/lawyer/LawyerGaeIn-
    PaSanList.do

재도전 종합지원센터

▶ 중소벤처기업부 중소벤처기업진흥공단(이하 '중진공')이 운영하는 '재도전종합지원센터'는 재도전이 가능한 창업안전망 구축을 위하여 재기상담 부터 자금 지원, 사후 멘토링까지 재도전의 전 과정을 일괄 지원함.

▶ 지원 내용
① 법률, 세무, 회생절차 등 심층 상담.
② 재창업자금, 구조개선전용자금 지원 및 교육.
③ 자금지원기업 신용회복.
④ 진로제시컨설팅, 회생컨설팅.
⑤ 멘토링을 통한 사후관리 등.

▶ 지원 대상은 경영위기기업, 사업실패 후 재기를 준비 또는 진행하고 있는 재도전 기업(부도, 폐업 이후 심리치유 및 재창업 역량강화, 신용회복상담 및 자금지원 등을 통한 재도전 활성화 등).

지원 절차

신청		심층상담		처방		실행지원
위기 기업	>	전문가 상담	>	구조개선	>	구조개선 전용자금 지원 및 멘토링
			>	기업회생	>	회생절차 신속 지원 (진로제시, 회생컨설팅 등)
			>	사업정리	>	폐업, 파산 등 사업정리 안내
			>	소송대응	>	법률상담 등

▶ 문의처(중진공 재도전종합지원센터)

　- 전화: 02) 2106-7458

　- 방문: 서울특별시 금천구 가산디지털1로 181 4층(서울서부본부)

03

자금 지원기관

가. 중소벤처기업진흥공단

▶ 중소벤처기업진흥공단(이하 '중진공')의 '구조개선전용자금'은 부실징후가 보이는 중소벤처기업을 선제적으로 지원하여 조기 정상화 및 재도약을 지원함.

▶ 지원 내용
- 대출방식: 중진공 직접대출(대리대출 불가).
- 지원한도: 업체당 연간 10억 원 이내(3년간 10억 원 이내).
- 대출기간: 5년 이내(거치 2년 포함).
- 지원범위: 사업에 소요되는 운전자금(시설자금 지원 불가).

▶ 지원 대상
다음 각호 중 1가지 이상의 요건을 충족하는 기업
　① 은행권 추천 경영애로 기업 중 아래에 해당하는 기업.
　- 은행의 기업신용위험평가 결과 경영정상화 가능기업(A, B, C 등급).

- 은행권 자체 프로그램에 의한 워크아웃 추진기업.
- 자산건전성 분류 기준 '요주의' 등급 이하.
- 3년 연속 영업현금흐름(-).
- 3년 연속 이자보상배율 1 미만.
② 중진공 및 신·기보 지정 경영 애로 기업.
- 정책금융기관(중진공, 신용보증기금, 기술보증기금)이 부실징후 기업으로 지정한 중소벤처기업.
③ 채권은행협의회 운영협약 또는 기업구조조정 촉진법에 의한 워크아웃 추진 중소벤처기업.
④ 한국신용정보원의 「일반신용정보관리규약」에 따라 연체, 대위변제·대지급, 부도, 관련인 정보가 등록되어 있는 기업 중 강력한 자구노력(자산매각, 대주주 감자 등) 추진기업.
⑤ 「채무자 회생 및 파산에 관한 법률」에 따른 회생계획인가 기업(회생절차종결 후 3년 이내 기업 포함).
⑥ 진로제시 컨설팅 결과 '구조개선' 대상으로 판정된 기업.

지원 절차

신청		진로제시컨설팅	경영개선진단	구조개선진단		자금실사		자금지원
위기기업		중진공	중진공,신기보	중진공,신기보, 주채권은행		중진공		중진공

워크아웃 추진 기업·연체, 대위변제·대지급, 부도, 관련인정보 등록기업 및 회생인가기업

나. 신용보증기금

▶ 신용보증기금이 지원하는 재도전 보증은 회생지원보증, 재기 지원보증 등이 있음.

구분	보증종류	신청대상	지원내용
재도전지원	회생지원보증	실패한 기업 및 재도전 기업주 (신보 단독채무자만 대상)	구상채무 변제자금
	재기지원보증		구생채무 변제자금 및 신규 자금
	법적변제의무 종결 기업 보증	법적변제의무 종결기업	신규 자금

▶ 신청 대상

① 회생지원보증: 실패한 기업(신보가 보증채무 이행 후 구상채권 변제를 받지 못한 기업) 및 재도전 기업주(신보의 구상채무에 대하여 변제책임이 있는 구상채권의 주채무자 등)가 대표자, 무한책임사원, 실제 경영자인 기업.

② 재기지원보증: 회생지원보증 신청대상과 동일(단, 허위자료 제출기업 및 신용관리정보를 보유한 경우는 제외).

③ 법적변제의무 종결기업 보증

: 법적 변제의무 종결기업으로 파산·면책 결정 확정, 회생절차

216

완료 등 채무조정으로 구상채무, 보험금 법적 변제의무 면제
또는 면책된 기업(단, 신보의 보증금지 및 보증제한 기업은 제외).

지원 절차

보증 한도

구분	회생지원보증	재기지원보증	법적변제의무 종결기업 보증
같은 기업당	30억 원	30억 원	15억 원
운전자금	최근 1년 매출액 or 당기매출액 or 추정매출액의 1/2	최근 1년 또는 추정매출액의 1/3~1/6	
시설자금	-	소요자금 범위 내	

▶ 컨설팅 및 교육

① 재도전 재기지원 프로그램을 신청하고, 신보 실무위원회
의 추천을 받은 기업 등으로 최대 5MD[현장 2MD, 일원일
(Man-Day)은 1일 1인을 투입한 작업량] 실시.

② 기업의 실패원인 진단, 사업계획 타당성 분석 및 사업전략 제시.

③ 심의위원회 추천을 위한 경영자의 재기의지, 채무상환 노력도 점검 등.

④ 재도전 재기지원을 받은 기업 중 교육을 신청한 자를 대상으로 교육 실시.

다. 기술보증기금

▶ 기술보증기금(이하 '기보')은 단순 회생지원보증 및 법적 변제의무 종결기업 보증을 일반보증으로 지원함.

▶ 신청 대상
① 기보 단독채무자로서 변제책임이 있는 기업주가 영위하는 기업(재도전 기업주 영위 개인, 법인, 실제경영자).

② 기술사업평가등급이 B등급 이상이고, 도덕성평가를 통과한 기업.

③ 신청대상에서 제외되는 기업은 아래와 같음.

- 「신용정보관리규약」에서 정한 '금융질서문란정보'에 등록된 상태인 기업.

- 신청기업이 회생절차 또는 신용회복지원절차가 진행 중인 기업.

지원 절차

- 01 영업점 / 상담·기업조사 / 기술평가·보증심사
- 02 재기지원 심의위원회 (영업점) / 재기지원 심의 / (도덕성평가 포함)
- 03 영업점 / 재기지원보증승인 / (영업점장 등)
- 04 영업점 / 회생지원보증 및 신규보증 실행 / (사후관리 실시)

▶ 보증 한도는 같은 기업당 30억 원 이내(운전자금의 경우 10억
원)로 하고, 보증비율은 100%인 전액보증이며, 회생지원 보증
료율 연 1%를 고정으로 함.

04

기업구조혁신 지원센터

가. 회생기업 자금대여

▶ 회생기업 자금대여 프로그램이란?

: 신규자금 지원의 사각지대에 놓여 있는 중소·회생기업에 운영자금 및 긴급 필요자금을 대여하여, 기업의 영업능력 회복을 지원하는 프로그램임.

▶ 대상기업

: 신규자금 지원 시 재기가능성이 기대되는 「채무자 회생 및 파산에 관한 법률」에 따른 회생절차 개시 결정 후 회생절차 진행 중인 기업 및 회생절차 종결 후 3년 이내 기업 등.

▶ 지원대상 기업

: 「채무자 회생 및 파산에 관한 법률」에 따른 회생기업(회생종결기업 포함)이 아닌 정상기업 및 지원 자금을 용도 외 목적으로 사용계획 중인 기업 등은 지원 제한함.

O 지원 절차

1단계 : 접수	2단계 : 심사	3단계 : 승인	4단계 : 집행
· 온기업을 통한 신청	· 사전 검토 및 기업 평가 실시	· 내부 승인절차 진행	· 자금대여 실행 및 지원기업 관리

캠코 지원 조건

구분	내용
자금용도	기업의 영업현금흐름 창출 지원을 위한 운영자금
대여기간	최장 5년(연장기간 포함) 이내, 1년 단위 연장 가능
대여금액	신청금액 및 자금수요 내역, 정상 영업이익 수준 등을 반영하여 결정
대여이율	민간 DIP금융 또는 일반 무담보대출 대비 저이율 구조

나. 투자 매칭 지원

▶ 재무구조 개선을 원하는 기업과 투자처를 찾는 자본시장 투자자의 투자 매칭을 지원함.

▶ 투자 매칭은 온라인 홈페이지(온기업)를 통하여 다음과 같은 절차로 진행됨.

투자 매칭 진행 절차

기업 등록	종합상담	투자검토	우선협상 MOU체결	투자계약
기업	기업구조혁신지원센터	투자자	기업, 투자자	기업, 투자자
기업정보입력 ▼ 회원가입	담당자 지정 ▼ 기업 검토 ▼ 종합상담 ▼ 기업정보 공개	투자자 검토 ▼ 투자의향서 제출 ▼ 투자제안서 제출	투자제안서 접수 ▼ 우선협상투자자 선정 ▼ MOU 체결	본실사 및 내부검토 ▼ 투자계약 체결 (혁신센터에서 체결)

▶ 캠코의 자금대여는 재도전 기업의 현금흐름을 개선하여, 결
국 채무상환능력을 회복시키는 것이 목적이라고 볼 수 있음.

05

보증기관의 재도전 프로그램

▶ 신보 재기보증의 내용은 다음과 같으며, 상세한 내용은 신보 담당자에게 문의하는 것이 필요함(『중소기업 재도전 지원제도』, 2018).

구분	내용
신청대상	신보 단독채무자로서 실패한 기업 및 재도전 기업주가 대표자가 실제 경영자인 기업
지원내용	구상채무에 변제 책임 있는 자에 대하여 구상채무 변제를 위한 보증과 신규자금 지원을 위한 보증을 동시에 취급하는 보증
변제보증	- 금액은 채무상환 금액 이내이고, 상각채권은 최대 75% 감면 - 보증비율은 전액 보증이고, 보증료율은 최대 1.2%로 함
신규보증	- 금액 매출액과 자기자본 등을 감안하여 내규에 따라 결정함 - 보증비율 80% 이상 부분 보증이고, 보증료율은 최대 1.2%임

▶ 이 밖의 재도전 지원제도는 재도전 성공 패키지, 재도전 기술개발 사업 등이 있음.

구분	내용
개요	사업계획을 보유한 우수 (예비) 재도전 기업인을 발굴하여 재창업 교육·멘토링부터 사업화 자금까지 일괄 지원(창업진흥원)
신청 대상	- 사업계획을 보유한 예비 재창업자 또는 3년 이내 재창업기업의 대표자 - 예비 재창업자는 폐업이력(공고일 이전 폐업예정자 포함)을 보유한 자로서 협약 종료일 1개월 이전에 중소기업창업 지원법상의 재창업이 가능한 자 - 재창업기업의 대표자는 재창업일로부터 3년이 경과하지 않은 자
신청 제외	① 금융기관으로부터 채무불이행 자 또는 기업 ② 국세·지방세 체납으로 규제 중인 자 또는 기업 단, 접수 마감일 이전에 세금을 완납하거나, 세금분납계획에 따라 성실 납부하는 자(기업)는 신청(지원) 가능 ③ 중소벤처기업부, 과학기술정보통신부, 타 중앙정부, 지자체, 공공기관 등의 창업 사업화 지원 사업에 기 선정되어 지원받았거나 수행 중인 자(기업) 단, 창업 사업화 지원 사업을 지원받은 자 중 3년(폐업기업의 창업일로부터 폐업일까지의 기간) 이상 기업을 영위한 후 폐업한 자(기업)는 신청 가능 ④ 수행기관, 대표자, 총괄책임자 등이 접수마감일 현재 중소벤처기업부, 과학기술정보통신부 등 정부 지원 사업 참여제한 등 제재조치를 받는 경우 ⑤ 「중소기업 창업지원법 시행령」 제4조의 업종을 영위하고 있거나 또는 영위하고자 하는 자(기업)
비고	자세한 사항은 '재도전 종합지원센터' 사업 공고문 참조

구분	내용
개요	사업실패로 신용도가 낮아 일반R&D사업 참여가 힘든 재창업자에게 R&D 자금을 지원하여 실패기업인의 기술·경영 노하우 사장 방지(기술정보진흥원)
신청대상	- 사업실패 후 신기술·제품 개발을 준비하는 재창업기업 - 사업실패로 은행연합회의 「신용정보관리규약」에 따라 연체 등 및 공공정보의 정보가 등재(등록 및 해제 사실)되어 있거나 저신용자로 분류된 기업인 또는 사업 실패로 자금 조달에 애로를 겪는 기업인 중 다음 요건을 충족한 자 ※ 단, 1, 2, 3 각 호의 해당자는 기본 자격요건을 충족해야 하며, 신용미회복자는 신용회복(신복위), 개인회생, 파산면책 최종인가 경우에 한해 지원결정이 가능
자격요건	① 예비 재창업자 또는 재창업일로부터 7년이 경과하지 않은 자 - (재창업자 범위) 실패 개인기업 대표자, 실패 법인기업 대표이사·경영실권자 - (재창업자 요건) 실패기업의 업종이 지원제외 대상 업종이 아니며 영업실적을 보유(기 재창업자는 영업실적 요건 예외) ② 고의부도, 횡령, 사기 등 폐업 사유가 부도덕하지 않을 것 ③ 전국은행연합회에 「신용정보관리규약」에 따라 금융질서문란, 청산절차 등록 기업은 지원 대상에서 제외 ④ 재창업을 준비 중인 예비 창업자의 경우는 지원결정 후 1개월 이내에 법인 대표등록이 가능할 것(체납사실이 없거나, 정부 및 공공기관으로부터 체납세금·4대 보험·과태료 등에 대한 분납 승인을 받은 경우에는 개인사업자 등록으로도 가능)
비고	자세한 사항은 '중소기업 기술개발사업 종합관리시스템' 사업 공고문 참조

참고 문헌 및 사이트

- 강영철 외(2008), 『전략 경쟁 분석』, 3Mecca.
- 곽연식(2017), 『농업미생물 기술보급 추진방향』, 경상대학교 산학협력단.
- 농림수산식품기술기획평가원(2016), 『생물비료(미생물제제) 관련 산업 및 R&D 동향』.
- 신용백, 신경민(2016), 『생산운영관리』, 범한.
- 안광호, 하영원, 박흥수(2011), 『마케팅 원론』, 학현사.
- 오세훈(2009), 『원가관리회계실무』, 영화조세통람.
- 천영준(2017), 『바이엘 등 다국적기업 천연비료시장 참여 급선회』, 이코노믹 리뷰.

- 국립농업과학원(http://naas.go.kr/)
- 농림축산식품부(http://www.mifaff.go.kr/)
- 농업기술실용화재단(http://www.fact.or.kr/)
- 농촌진흥청(http://www.rda.go.kr/)
- 농촌진흥청 농업생물부(http://genebank.rda.go.kr/)
- 농축산용 미생물산업육성지원센터(http://cialm.or.kr/)
- 발효미생물산업진흥원(http://mifi.kr/)
- 한국미생물보존센터(http://www.kccm.or.kr/)
- 한국비료협회(http://fert-kfia.or.kr/)
- 한국토양비료협회(http://ksssf.org/)

PART 8

회생 절차
(소방 설비 건설)

Q 기업이 급성장하고 있는데 운전자금 부족으로 부도가 났습니다. 법인회생 절차를 통해 기업을 다시 회생시키고자 합니다. 회생절차에 대해 상세히 알고 싶습니다.

A 기업을 창업하고 성장시키다 보면 좋은 기회를 만나 매출이 급신장하는 경우가 있습니다. 충분한 자금이 있다면 공장을 증축하고, 종업원을 충원하여 매출신장에 힘써야 할 것입니다. 그러나 악어의 눈물처럼 호재가 결과적으로 악재로 전환하는 경우가 있습니다. 즉, 과욕으로 인해 감당할 수 없는 자금소요가 이루어지면 기업의 큰 부담이 됩니다.

기업의 성장기에 큰 수주물량을 확보한 때에 자금부족에 빠지는 경우가 종종 있습니다. 충분한 자금이 있었다면 기술력으로 인해 기업이 성장하는 기회가 되었을 것입니다. 최근 법인회생에 대한 인식이 변하여 재도전의 기회로 삼는 경우가 많이 있습니다. 정부 정책과 제도적 측면에 기업의 회생을 돕고, 다시 창업하여 재도전할 수 있도록 여러 공공기관이 노력하고 있습니다. 창업자께서도 회생절차를 통해 기업을 회생시키고 다시 성장시킬 수 있기를 기원합니다. 이 장에서는 법인회생 전반에 관해 설명하겠습니다.

01

법인 회생

회생절차란 재정적 어려움으로 파탄에 직면해 있는 채무자에 대하여 채권자, 주주·지분권자 등 여러 이해관계인의 법률관계를 조정하여 채무자 또는 그 사업의 효율적인 회생을 도모하는 제도입니다.

▶ 회생절차는 사업의 재건과 영업의 계속을 통한 채무 변제가 주된 목적으로써, 채무자 재산의 처분·환가와 채권자들에 대한 공평한 배당이 주된 목적인 파산과 구별됨.

▶ 회생절차의 신청자격은 ① 채무자, ② 자본의 1/10 이상에 해당하는 채권을 가진 채권자, ③ 자본의 1/10 이상에 해당하는 주식 또는 지분을 가진 주주·지분권자가 신청할 수 있음.

가. 회생절차 신청 후 조치

▶ 회생절차 개시신청이 있는 경우, 먼저 법원은 회생절차에 필요한 비용의 예납을 명하고, 대표자를 심문함.

▶ 통상 채무자가 회생절차 개시결정 전에 방만하게 사업의 경영을 하거나 재산을 도피·은닉할 위험을 방지하기 위해 재산에 대한 보전처분결정이 있게 됨.

▶ 법원은 보전처분결정으로 회생절차 개시결정이 있을 때까지 채무자에게 변제금지·일정액 이상의 재산 처분금지·금전차용 등 차재금지·임직원채용금지 등을 명하게 됨.

▶ 법원은 채무자의 재산에 대한 개별 강제집행절차의 중지명령 등을 하거나, 모든 회생채권자 및 회생담보권자에 대하여 장래의 강제집행 등을 금지하는 포괄적 금지명령을 할 수 있음.

▶ 회생절차 개시신청의 취하는 개시결정 전까지만 할 수 있는데, 보전처분이나 중지명령, 포괄적 금지명령이 내려진 후의 취하는 법원의 허가를 받아야 함.

나. 회생절차 개시 후 효과

▶ 회생절차 개시결정에 의하여, 채무자의 업무 수행권이나 재산의 관리처분권은 채무자로부터 법원에 의하여 선임된 관리인 또는 관리인 불선임 결정에 따라 관리인으로 보게 되는

채무자의 대표자(또는 개인 채무자)에게 이전함.

▶ 이러한 관리인 등의 행위는 법원의 감독 아래 놓이게 되며 법원의 허가를 받도록 정한 사항에 관하여는 법원의 허가결정을 받은 경우에만 유효하게 됨.

▶ 회생절차가 개시가 된 경우에는 신청인이 취하는 할 수 없으며, 법원은 사업을 청산할 때의 가치가 사업을 계속할 때의 가치보다 큰 것이 명백하게 밝혀진 때 등 일정한 경우에만 폐지할 수 있음.

다. 회사의 기존 경영자 경영 여부

▶ 법은 기존 경영자(대표자)를 관리인으로 선임하거나 관리인 불선임 결정에 의하여 기존 경영자(대표자)를 관리인으로 지명하는 것을 원칙으로 하는 '기존 경영자 관리인 제도'를 규정하고 있음.

▶ 이를 통해 부실기업의 조기 회생절차 진입과 경영노하우의 계속적인 활용으로 회생절차의 효율성을 도모하고 있음.

▶ 반면, 채무자의 재정적 파탄의 원인이 개인인 채무자, 법인의 이사, 채무자의 지배인이 행한 재산의 유용 또는 은닉이나 그에게 중대한 책임이 있는 부실경영에 기인하는 때 등 일정한 경우에는 기존 경영자가 아닌 제3자를 관리인으로 선임하고 있음.

02

회생 절차

가. 조사위원의 업무

▶ 법원은 회생절차에서 채무자의 재무·경영분석, 채무자가 재정적 파탄에 이르게 된 경위, 청산가치와 계속기업가치의 산정 등 고도의 전문적인 회계·경영·경제지식과 판단능력이 요구되는 사항의 조사를 명하기 위하여 조사위원을 선임하고 있음.

▶ 통상적으로 개시결정 무렵 조사위원이 선임되고 있으며, 법원이 정하는 일정기간 내에 회사의 재산상태 등을 조사한 보고서를 제출하게 됨.

나. 회생계획안 제출

▶ 회생계획안은 채무자, 목록에 기재되어 있거나 신고한 회생채권자, 회생담보권자, 주주·지분권자도 회생계획안 제출명령에

정해진 기간 내에 회생계획안을 작성하여 제출할 수 있음.

▶ 또한, 부채의 2분의 1 이상에 해당하는 채권을 가진 채권자
나 이러한 채권자의 동의를 얻은 채무자는 회생절차개시 전
까지 회생계획안을 작성하여 법원에 제출할 수 있음.

자료 출처: 서울회생법원 홈페이지

▶ 회생계획안은 다음과 같음.

① 법률의 규정을 위반하지 않아야 함.

② 회생담보권, 회생채권 순으로 공정하고 형평에 맞는 차등을 두어야 함(공정·형평의 원칙).

③ 변제조건이 같은 성질의 권리를 가진 자 사이에 평등하여야 함(평등의 원칙).

④ 변제방법이 채무자의 사업을 청산할 때 각 채권자에게 변제하는 것보다 불리하지 아니하게 변제하는 내용이어야 함(청산가치 보장의 원칙).

⑤ 회생계획이 수행 가능해야 함.

다. 회생계획안 가결 요건

▶ 회생계획안이 가결되기 위해서는 다음과 같음.

① 회생채권자의 조에 있어서는 그 조에 속하는 의결권 총액의 2/3 이상에 해당하는 의결권을 가진 자의 동의가 필요함.

② 회생담보권자의 조에 있어서는 회생담보권자의 의결권 총액의 3/4 이상에 해당하는 의결권을 가진 자의 동의가 필요함.

③ 주주·지분권자가 의결권을 가질 경우에는 의결권을 행사하는 주주·지분권자의 의결권의 총수의 1/2 이상에 해당

하는 의결권을 가진 자의 동의도 필요함.

▶ 다만, 간이회생절차는 특칙으로 완화된 가결요건을 두고 있음.

라. 회생계획 인가 후 회생절차

▶ 인가된 회생계획이 모두 수행된 경우뿐만 아니라, 회생계획
  에 따라 변제가 시작되고 회생계획의 수행에 지장이 있다고
  인정되지 않아 회생절차의 목적을 달성할 수 있다고 판단되
  는 경우에 법원은 회생절차를 종료시킬 수 있음.

▶ 반대로 회생절차개시 후에 당해 회생절차가 그 목적을 달성
  하지 못하여 수행가능성이 없다고 판단될 경우 회생절차를
  폐지하고, 파산선고를 함.

마. 주의 사항

▶ 회생절차에서 채무자의 관리인이 주의해야 할 점은 개시결정
  과 동시에 명하는 채권자목록제출, 채권조사기간, 회생계획
  안 제출기간 등 각종 기간을 준수하여야 함.

▶ 채권조사는 목록에 기재되거나 신고된 채권들에 대한 시인 또는 부인 여부를 밝히는 절차로써 법률적 쟁점이 있는 경우가 많으므로 법률대리인의 도움이 필요한 경우가 있음.

▶ 회생절차에서 채권자가 주의해야 할 점은 회생절차에서 채권신고를 하지 아니하고 채권자목록에도 기재되지 아니하여 회생계획에서 누락된 경우 실권되므로, 채권신고가 되어 있는지 주의를 요함.

▶ 또한 자신의 채권에 대하여 관리인이나 다른 채권자들이 이의를 제기한 경우라면 조사확정재판 등으로 채권확정을 구할 수 있는 기간(조사기간말일 또는 특별조사기일로부터 1개월)이 정해져 있으므로 그 기간을 엄수하여야 함.

바. 간이회생절차 제도

▶ 법 개정으로 2015년 7월 1일부터 소액영업소득자에 대한 간이회생절차가 신설되었음.

▶ 소액영업소득자의 경우 채권, 채무 관계가 간단함에도 불구하고, 통상의 회생절차를 이용할 경우 기간 및 비용이 상당

히 든다는 단점이 있었음.

▶ 간이회생절차에서는 간이한 방법으로 조사위원 업무가 이루어지도록 하고, 또한 가결요건을 완화시킴.

▶ '영업소득자'란 부동산임대소득·사업소득·농업소득·임업소득, 그 밖에 이와 유사한 수입을 장래에 계속적으로 또는 반복하여 얻을 가능성이 있는 채무자를 말함.

▶ 회생채권, 회생담보권 총액이 50억 원 이하의 범위에서 대통령령으로 정하는 금액 이하(현행 대통령령은 30억 원 이하로 정함)인 소액영업소득자는 간이회생절차 신청을 할 수 있음.

사. 일반회생절차와의 차이점

▶ 간이조사위원 선임
  : 간이회생절차에서는 간이조사위원에 의하여 조사위원의 업무를 간편한 방법으로 수행함(통상의 사건보다 조사위원 보수를 위한 예납비용이 작음).

▶ 가결 요건 완화

: 기존의 가결요건 이외에 '회생채권자의 의결권 총액의 2분의 1을 초과하는 의결권을 가진 자의 동의 및 의결권자의 과반수의 동의가 있는 경우'에도 회생계획안 가결 요건을 충족하는 것으로 봄.

03
실무 준칙

▶ 서울회생법원 실무준칙(이하 '준칙')은 서울회생법원에 계속 중인 사건의 절차를 공정하고 신속하며 효율적으로 진행하기 위한 합리적인 실무 기준과 서울회생법원의 신뢰받는 업무처리를 위해 필요한 사항을 정함.

▶ 중소기업 회생컨설팅 지원대상 채무자에 대한 회생사건: 중소기업진흥공단에 의하여 중소기업 회생컨설팅(이하 '회생컨설팅') 지원대상으로 선정된 채무자의 회생절차 진행에 관하여 필요한 사항을 정함으로써 중소기업인 채무자의 신속한 경영 정상화와 효율적인 회생을 지원함.

▶ 중소기업 회생컨설턴트는 회생컨설팅 지원대상으로 선정된 채무자에 대한 회생절차에서 다음 각 호의 업무를 수행함.
  ① 관리인 조사보고서의 작성.
  ② 관리인이 제출한 회생계획안이 청산가치를 보장하고 수행 가능한지에 대한 조사 및 보고.
  ③ 기타 필요한 사항에 대한 조사 및 보고.

04
관리인

가. 관리인 등의 감독기준

▶ 법인 채무자(이하 '채무자')의 업무수행권 및 관리처분권을 갖는 관리인 또는 관리인으로 보게 되는 채무자의 대표자(이하 '관리인 등')에 관하여 다음과 같은 사항이 적용됨.

▶ 그 선임·불선임 및 해임 기준을 제시함으로써 재정적 어려움으로 인하여 파탄에 직면한 채무자의 조기 회생절차 진입을 유도하고, 아울러 이들에 대한 감독 및 포상기준을 밝힘으로써 회생절차가 공정하고 투명하게 진행되도록 함.

▶ 관리인 등의 보수는 노동부에서 발간하는 고용형태별근로실태조사보고서 중 당해 업종 경영자의 보수실태를 참작하고 기존의 보수체계와 채무자의 재정상태, 관리인 등의 업무의 내용과 난이도 등을 고려하여 정하되, 관리인 등의 직무와 책임에 상응하도록 함.

▶ 법원은 다음 각 호의 사유에 해당한다고 인정하는 때에는 채무자의 규모와 재정상황, 기여도 등을 종합적으로 고려하여 관리인 등에게 특별보상금을 지급할 수 있음.

① 관리인 등이 그의 경영 수완에 의하여 회생계획이 예정한 경영목표를 초과하여 달성한 때.

② 관리인 등의 능력과 노력에 기인하여 채무자의 재산상황이 당해 관리인 등의 최초 취임 당시에 비하여 현저히 개선된 때.

③ 관리인 등이 능동적으로 신규 자본을 물색·유입하거나 다른 우량기업과 인수·합병을 이룩함으로써 채무자의 회생에 현저한 기여를 한 때.

나. 법원의 허가가 필요한 금액 기준

▶ 채무자의 지출행위 중 법원의 허가를 필요로 하는 금액의 기준은 아래 연간 매출액에 따른 허가 필요 금액의 기준에 따라 정함.

연간 매출액	기준액
100억 원 이하	500만 원
500억 원 이하	1,000만 원
500억 원 초과 1,000억 원 이하	2,000만 원
1,000억 원 초과 5,000억 원 이하	3,000만 원
5,000억 원 초	5,000만 원

▶ 채무자에 대하여 회생계획이 인가된 후 법원이 해당 채무자의 지출행위에 관해 상기 정한 기준을 달리 정할 필요가 있다고 판단한 경우, 법원은 그 기준을 다시 정할 수 있음.

▶ 법원은 상기 규정에도 불구하고, 다음 각 호에 해당하는 채무자의 지출행위에 대하여는 사전에 포괄적으로 허가할 수 있음.

① 제조업체의 경우 원자재 구입, 외식업체의 경우 식자재 구입 등 채무자의 영업을 위해 지속적, 반복적으로 이루어지는 지출행위.

② 거래의 특성상 현장에서 즉시 현금결제가 이루어지는 지출행위.

③ 근로자의 급여(임원 급여 제외) 지급, 사무실과 공장의 월차임 지급행위 등과 같은 채무자의 영업을 위한 일상적 지출행위.

④ 기타 회생절차의 효율적 진행을 위해 포괄적 허가가 필요한 지출행위.

▶ 포괄허가를 할 때에는 일정 기간 동안 발생할 일정한 유형의 지출행위에 관하여 포괄허가를 할 수 있음. 다만, 법원은 필요한 경우 포괄허가의 한도액을 정할 수 있고, 한도액은 전체 포괄허가행위에 관하여 또는 일정한 유형의 채무자 지출행위에 관하여 정할 수 있음.

▶ 포괄허가를 받아 지출한 행위의 내역에 관하여 다음 달 월간보고서에 포괄허가대상임을 명시하여 기재하고 보고하여야 함. 다만, 구조조정담당임원(CRO) 또는 감사가 존재하지 않는 채무자에 대하여는 포괄허가를 할 수 없음.

다. 보고서 작성 등

▶ 보고서의 종류
 : 회생절차 개시결정을 받은 관리인은 다음 각 호의 보고서를 작성하여 법원에 제출하여야 함. 이 경우 관리인이 제출하는 보고서의 분기는 채무자의 회계연도를 기준으로 함.
 ① 매월 1회의 월간보고서.
 ② 1/4분기 및 3/4분기의 분기보고서.

③ 연 1회의 반기보고서(2/4분기 보고서의 제출에 갈음함).

④ 채무자 현황 및 연간보고서(4/4분기 보고서의 제출에 갈음함).

▶ 보고서의 제출시기

: 관리인은 다음 각 호의 기간 내에 해당 보고서를 제출하여
야 함.

① 월간보고서는 다음 달 20일까지, 다만, 개인채무자의 경
우 다음 달 15일까지.

② 분기보고는 각 분기 종료일부터 1개월 이내.

③ 반기보고서는 반기 종료일부터 2개월 이내.

④ 채무자 현황 및 연간보고서는 당해 회계연도 종료일부터
3개월 이내.

05

구조조정담당임원 및 감사

가. 구조조정담당임원(CRO)

▶ 구조조정담당임원이 회생절차에 관하여 관리인에게 충분히 자문을 제공하고, 회생절차의 공정한 진행을 위해 관리인을 적절히 감독하며, 회생절차의 성공적 진행을 위해 채권자 등과의 원활한 의사소통에 기여하도록 하기 위하여 채무자의 구조조정담당임원(Chief Restructuring Officer)에 위촉함.

▶ 구조조정담당임원은 다음과 같이 회생절차의 원활한 진행을 위한 업무를 수행함.
  ① 회생절차 전반에 대한 자문.
  ② 채권자협의회와의 원활한 의사소통.
  ③ 부인권 행사 또는 이사 등에 대한 책임 추궁 관련 업무.

▶ 구조조정담당임원은 다음과 같은 관리인에 대한 감독업무를 수행함.
  ① 자금수지 감독

1. 채무자의 자금수지 현황을 파악하여, 월 2회 주심판사, 주무 관리위원 및 채권자협의회에 제공.
2. 부적절한 비용 지출이나 입금 누락이 없는지 여부 점검.
3. 채무자에게 특이사항이 있는 경우 법원에 보고.

② 거래관계 및 업무현황 점검
1. 매출 및 매입에 대한 과소·과대계상, 허위매출, 부적절한 거래 등이 없는지 점검.
2. 가공의 임직원에 대한 급여 지출, 판관비 지출의 적정성 등 점검.

③ 자산의 매입, 처분, 설비 이전에 관한 적정성 등 점검
④ 관리인의 법원에 대한 허가사항 사전점검 및 사후조치 경과 보고
⑤ 관리인 보고서 점검 및 주요사항 의견서 제출
⑥ 재고자산 등 현장의 직접 점검
⑦ 관계회사 등 점검
1. 관계회사나 특수관계인과의 부적절한 거래관계가 있는지 여부.
2. 관계회사나 특수관계인으로의 자산 유출 등이 있는지 여부.

나. 감사

▶ 법원은 관리위원회, 채권자협의회 및 회생·파산위원회의 의견
  을 들어 다음 각 호의 어느 하나에 해당하는 사람으로서 엄
  정하게 직무를 수행할 수 있는 자질과 경륜이 있는 사람을
  감사로 선임함.
  ① 채무자의 업종 또는 그와 유사한 업종에 전문적 경험이나
    식견이 있는 사람.
  ② 회계업무 또는 감사업무에 상당한 경험이나 자격이 있는
    사람.

▶ 구조조정담당임원이 위촉되어 있는 경우 법원은 관리위원회,
  채권자협의회 및 회생·파산위원회의 의견조회를 거친 후 위
  구조조정담당임원을 감사로 선임할 수 있음.

▶ 겸임금지
  : 감사는 채무자 및 자회사의 관리인, 관리인대리, 이사, 지배
    인 기타 사용인의 직무를 겸하지 못함.

▶ 감사의 업무수행
  : 감사는 다음 각 호와 같이 관리인의 경영과 회생계획 수행
    활동을 감독하기 위한 업무를 수행함.

① 채무자의 회계, 입출금내역 등 운영상황 점검.

② 회생계획 수행에 대한 점검 및 독려.

③ 관리인의 허가신청업무 감독 및 확인.

④ 관리인의 보고업무에 대한 확인.

⑤ 기타 감사가 업무를 수행하는 데 필요한 사항.

▶ 감사는 채무자의 업무처리가 적정한지 여부를 확인하기 위하여 수시로 회계장부 기타 채무자의 내부 서류를 열람하고 영업현장 등을 점검하여야 함.

▶ 감사는 중립적 지위에서 엄정하게 그 직무를 수행하여야 하고, 특히 아래 사항에 대한 점검, 확인을 철저히 하여야 함.

① 법원의 허가 없는 자금의 조성과 지출 여부.

② 회계계정의 부적절한 처리 여부.

③ 부당한 수입감소 또는 지출증가가 있는지 여부.

④ 채무자 조직의 능률성.

⑤ 기타 채무자의 운영에 있어 부정적 요인의 존부.

⑥ 「채무자의 자회사 현황 보고」에서 정한 자회사 운영에 관한 사항.

⑦ 기타 법원이 조사를 요구한 사항.

▶ 감사는 법원에 다음 사항을 보고해야 함.

① 감사는 부임 후 1개월 이내에 회사 현황, 영업상황, 회생계획 수행현황, 향후 감사계획 등을 법원에 보고하여야 함.

② 감사는 임기만료 1개월 전까지 감사실적 및 감사의 업무 수행현황에 대하여 법원에 보고하여야 함.

③ 감사는 관리인이 법원에 제출하는 분기별 보고서에 대하여 감사의견서를 제출하여야 함.

1. 회계 및 자금관계 보고내용의 적부

2. 당해 분기 감사실적의 개요

3. 자회사에 대한 사항

4. 기타 특이사항

06
채무자의 M&A

▶ 채무자의 재무구조를 개선하여 회생채무를 조기에 변제할 수 있도록 관리인으로 하여금 M&A(주식교환, 유상증자, 주식이전, 합병, 분할, 분할합병, 영업양도, 회사설립 등)를 적극적으로 추진하게 하고, 회생절차 내 M&A가 효율적이면서도 공정하고 투명하게 이루어질 수 있도록 적정한 절차 운영의 기준을 제시함.

▶ 관리인은 매각대금의 극대화, 절차의 공정성과 투명성 확보, 매각절차의 시급성, 개별 방식에 따른 매각절차의 성공가능성 등을 종합적으로 고려하여 다음 각 호의 방법 중 적정한 방법을 선택하여 회생절차에서의 M&A를 진행할 수 있음.
① 공고를 통한 공개입찰방법
② 제한적인 경쟁입찰방법
③ 수의계약

▶ M&A의 방식
: 관리인은 제3자 배정 유상증자, 회사채 발행과 병행하는 제3자 배정 유상증자, 영업양수도, 자산매각, 회사 분할, 신회

사 설립 등의 방식 중에 채무자의 상황에 따라 적절한 방법
을 선택하여 M&A를 추진함.

▶ M&A 절차와 관련한 법원의 허가사항
 : 법원은 필요하다고 인정하는 때에는 관리인에게 다음 각 호
   의 사항에 관하여 법원의 허가를 받도록 할 수 있음.
 ① M&A 절차 추진 및 매각주간사 선정 방법
 ② 매각주간사 선정 및 용역계약 체결
 ③ 매각공고
 ④ 입찰안내서 및 우선협상대상자 선정기준 작성
 ⑤ 우선협상대상자 선정
 ⑥ 양해각서 체결
 ⑦ 인수대금 조정
 ⑧ 인수계약 체결 등

07
조기 종결

▶ 법원은 향후 채무자가 회생계획을 수행하는 데 지장이 있다고 인정되지 않은 때에는 관리위원회, 채권자협의회 및 이해관계인의 의견을 들어 특별한 사정이 없는 한 회생절차를 조기에 종결함.

▶ 조기종결 운영기준
  : 채무자가 회생계획에 따른 변제를 시작하였고 다음 각 호의 전부 또는 일부에 해당하는 경우에는 특별한 사정이 없는 한 회생절차를 종결함을 원칙으로 함.
  ① 채무자의 총자산이 총부채를 안정적으로 초과하고 있는 경우.
  ② 제3자가 채무자를 인수하였거나 채무자의 매출실적이나 영업실적이 양호하여 회생계획 수행에 필요한 자금 조달이 가능한 경우.
  ③ 담보물이 처분되지 아니하였더라도 회생절차를 계속하는 것이 담보물 처분에 유리할 것으로 판단되지 않는 경우.

④ 회생절차를 종결하면 채무자의 영업이나 매출이 개선될 것
으로 예상되는 등 회생계획 수행가능성이 높아지는 경우.

PART 9

성장 전략
(인사 노무 납세)

ⓠ 창업자 질의 사항

Q 창업한 기업이 성장·발전하고 있습니다. 특히 직원 채용도 많이 늘었습니다. 인사노무 관리가 큰 걱정입니다. 어떻게 접근해야 하나요?

A 창업기업의 성장은 매출액과 상시근로자의 수로 표현하곤 합니다. 창업기업의 성공은 고용 창출로 이어지고 국가경제가 성장하는 성과를 거두게 됩니다. 그러나 창업주는 상시근로자의 증가에 따른 경영관리 포인트가 증대됩니다. 특히 상시근로자의 수가 5인 이상, 10인 이상, 30인 이상, 50인 이상 등 일정한 규모로 증가할 때마다 인사노무 관리의 큰 변화가 생깁니다.

기업 성장과 더불어 제품의 공공기관 납품 등을 위해서는 정확한 품질관리가 요구됩니다. 품질관리의 기준을 설정 및 측정하는 것도 쉽지 않습니다. 또한, 세금을 완납해야 하는데 간혹 자금부족으로 납부 기일을 맞출 수 없는 경우가 있습니다. 이러한 것들은 창업기업이 성장과정에서 겪는 몇 가지 애로사항 중의 하나라고 생각합니다. 이 장에서는 인사노무 및 품질관리의 주요사항을 착안점 위주로 작성하였습니다. 그리고 국세 등을 유예하기 위한 법령 등을 살펴보았습니다. 창업기업의 성장·발전을 위해서는 어느 수준 이상의 경영관리체계를 갖추고 있어야 합니다. 이 장에서는 인사노무 및 품질관리 등 경영관리 일부에 관해 설명하겠습니다.

인사노무 관리는 매우 전문적인 분야입니다. 창업기업이 성장함에 따라 기업의 규모에 맞게 노무관리사 등 전문가의 도움으로 체계를 잡을 필요가 있습니다. 상시근로자가 5인 미만인 경우에는 다소 여유가 있습니다만, 5인 이상 또는 10인 이상 등으로 규모가 변환될 때 창업주는 경영관리 체계의 전문성을 강화해야 합니다.

01

근로기준법

인사노무와 관련한 법령은 「근로기준법」, 「최저임금법」 등 개별법과 「노동조합 및 노동관계조정법」 등과 같은 집단법이 있습니다. 우수 사업주가 알아야 하는 「근로기준법」의 주요사항을 다음과 같이 정리하여 착안점을 인식하도록 하겠습니다. 다만 법령을 해석하는 것이 쉽지 않으니 실제 적용 시에는 관련 법령을 다시 확인하고, 노무관리사 등 전문가의 도움을 받으시기 바랍니다.

가. 근로계약

▶ 정의(제2조)

　　1.~5. (중략)

　　6. "평균임금"이란 이를 산정하여야 할 사유가 발생한 날 이전 3개월 동안에 그 근로자에게 지급된 임금의 총액을 그 기간의 총일수로 나눈 금액을 말한다. 근로자가 취업한 후 3개월 미만인 경우도 이에 준함.

　　7. "1주"란 휴일을 포함한 7일을 말함.

　　8. "소정(所定)근로시간"이란 제50조, 제69조 본문 또는 「산업안전보건법」 제139조 제1항에 따른 근로시간의 범위에서 근로자와 사용자 사이에 정한 근로시간을 말함.

좌충우돌 **창업경영 오픈소스**

9. "단시간근로자"란 1주 동안의 소정근로시간이 그 사업장에서 같은 종류의 업무에 종사하는 통상 근로자의 1주 동안의 소정근로시간에 비하여 짧은 근로자를 말함.

② 제1항 제6호에 따라 산출된 금액이 그 근로자의 통상임금보다 적으면 그 통상임금액을 평균임금으로 함.

   1. (중략)

   2. 상시 50명 이상 300명 미만의 근로자를 사용하는 사업 또는 사업장: 2020년 1월 1일

   3. 상시 5명 이상 50명 미만의 근로자를 사용하는 사업 또는 사업장: 2021년 7월 1일

▶ **따라서 상시근로자 5명 이상은 2021년 7월부터, 50명 이상은 2020년 1월부터 적용되는 것을 유의하여야 함.**

▶ 근로조건의 명시(제17조)

사용자(창업자)는 근로계약을 체결할 때에 근로자에게 다음 각 호의 사항을 명시하여야 함.

   1. 임금

   2. 소정근로시간

   3. 제55조에 따른 휴일

   4. 제60조에 따른 연차 유급휴가

   5. 그 밖에 대통령령으로 정하는 근로조건

▶ 해고 등의 제한(제23조)

① 사용자는 근로자에게 정당한 이유 없이 해고, 휴직, 정직, 전직, 감봉, 그 밖의 징벌(懲罰)(이하 "부당해고등")을 하지 못함.

② 사용자는 근로자가 업무상 부상 또는 질병의 요양을 위하여 휴업한 기간과 그 후 30일 동안 또는 산전(産前)·산후(産後)의 여성이 이 법에 따라 휴업한 기간과 그 후 30일 동안은 해고하지 못함.

▶ 해고의 예고(제26조)

사용자는 근로자를 해고하려면 적어도 30일 전에 예고를 하여야 하고, 30일 전에 예고를 하지 아니하였을 때에는 30일분 이상의 통상임금을 지급하여야 함. 다음 각 호의 경우 그러하지 아니함.

1. 근로자가 계속 근로한 기간이 3개월 미만인 경우

2. 천재·사변, 그 밖의 부득이한 사유로 사업을 계속하는 것이 불가능한 경우

3. 근로자가 고의로 사업에 막대한 지장을 초래하거나 재산상 손해를 끼친 경우로서 고용노동부령으로 정하는 사유에 해당하는 경우

나. 임금

▶ 임금 지급(제43조)

임금은 통화(通貨)로 직접 근로자에게 그 전액을 지급하여야 하고, 매월 1회 이상 일정한 날짜를 정하여 지급하여야 함(통화불, 직접불, 전액불, 정기불 원칙을 준수해야 함).

▶ 임금등 체불자료의 제공(제43조의3)

① 고용노동부장관은 「신용정보의 이용 및 보호에 관한 법률」 제25조 제2항 제1호에 따른 종합신용정보집중기관이 임금등 체불자료 제공일 이전 3년 이내 임금 등을 체불하여 2회 이상 유죄가 확정된 자로서 임금 등 체불자료 제공일 이전 1년 이내 임금 등의 체불총액이 2천만 원 이상인 체불사업주의 인적사항과 체불액 등에 관한 자료(이하 "임금등 체불자료"라 한다)를 요구할 때에는 임금등의 체불을 예방하기 위하여 필요하다고 인정하는 경우에 그 자료를 제공할 수 있음.

▶ 건설업에서의 임금 지급 연대책임(제44조의2)

① 건설업에서 사업이 2차례 이상 「건설산업기본법」 제2조 제11호에 따른 도급(이하 "공사도급")이 이루어진 경우에 같은 법 제2조 제7호에 따른 건설사업자가 아닌 하수급인이 그

가 사용한 근로자에게 임금을 지급하지 못한 경우에는 그 직상 수급인은 하수급인과 연대하여 하수급인이 사용한 근로자의 임금을 지급할 책임을 짐.

다. 근로시간과 휴식

▶ 근로시간(제50조)
   ① 1주간의 근로시간은 휴게시간을 제외하고 40시간을 초과할 수 없음.
   ② 1일의 근로시간은 휴게시간을 제외하고 8시간을 초과할 수 없음.

▶ 탄력적 근로시간제(제51조)를 적용할 경우 사용자는 근로자대표와의 서면 합의에 따라 다음 각 호의 사항을 정함.
   1. 대상 근로자의 범위
   2. 단위기간(3개월 이내의 일정한 기간으로 정하여야 한다)
   3. 단위기간의 근로일과 그 근로일별 근로시간
   4. 그밖에 대통령령으로 정하는 사항

▶ 선택적 근로시간제(제52조)를 경우 사용자는 근로자대표와의 서면 합의에 따라 다음 각 호의 사항을 정함.

1. 대상 근로자의 범위(15세 이상 18세 미만의 근로자는 제외함)

2. 정산기간(1개월 이내의 일정한 기간으로 정하여야 함)

3. 정산기간의 총 근로시간

4. 반드시 근로하여야 할 시간대를 정하는 경우에는 그 시작 및 종료 시각

5. 근로자가 그의 결정에 따라 근로할 수 있는 시간대를 정하는 경우에는 그 시작 및 종료 시각

6. 그밖에 대통령령으로 정하는 사항

▶ 연장 근로의 제한(제53조)

① 당사자 간에 합의하면 1주 간에 12시간을 한도로 제50조의 근로시간을 연장할 수 있음.

② 당사자 간에 합의하면 1주 간에 12시간을 한도로 제51조의 근로시간을 연장할 수 있고, 제52조 제2호의 정산기간을 평균하여 1주 간에 12시간을 초과하지 아니하는 범위에서 제52조의 근로시간을 연장할 수 있음.

③ 상시 30명 미만의 근로자를 사용하는 사용자는 다음 각호에 대하여 근로자대표와 서면으로 합의한 경우 제1항 또는 제2항에 따라 연장된 근로시간에 더하여 1주간에 8시간을 초과하지 아니하는 범위에서 근로시간을 연장할 수 있음.

1. 제1항 또는 제2항에 따라 연장된 근로시간을 초과할 필요

가 있는 사유 및 그 기간

2. 대상 근로자의 범위

④ 사용자는 특별한 사정이 있으면 고용노동부장관의 인가와 근로자의 동의를 받아 제1항과 제2항의 근로시간을 연장할 수 있음. 다만, 사태가 급박하여 고용노동부장관의 인가를 받을 시간이 없는 경우에는 사후에 지체 없이 승인을 받아야 함.

⑤ 고용노동부장관은 제4항에 따른 근로시간의 연장이 부적당하다고 인정하면 그 후 연장시간에 상당하는 휴게시간이나 휴일을 줄 것을 명할 수 있음.

⑥ 제3항은 15세 이상 18세 미만의 근로자에 대하여는 적용하지 아니함.

▶ **따라서 특별연장근로를 한시적으로 인정함(40시간+12시간+8시간=60시간 가능, 단 15세 이상 18세 미만 미적용)**

▶ 근로시간 및 휴게시간의 특례 적용 가능 업종(제59조)

1. 육상운송 및 파이프라인 운송업. 다만, 「여객자동차 운수사업법」 제3조 제1항 제1호에 따른 노선(路線) 여객자동차 운송사업은 제외함.

2. 수상운송업

3. 항공운송업

좌충우돌 **창업경영 오픈소스**

4. 기타 운송관련 서비스업

5. 보건업

라. 기숙사 규칙

▶ 기숙사 생활의 보장(제98조)

사용자는 사업 또는 사업장의 부속 기숙사에 기숙하는 근로자의 사생활의 자유를 침해하지 못하고, 기숙사 생활의 자치에 필요한 임원 선거에 간섭하지 못함.

▶ 규칙의 작성과 변경(제99조)

부속 기숙사에 근로자를 기숙시키는 사용자는 다음 각 호의 사항에 관하여 기숙사규칙을 작성하여야 함(기숙 근로자의 과반수를 대표하는 자의 동의 필요).

    1. 기상(起床), 취침, 외출과 외박에 관한 사항

    2. 행사에 관한 사항

    3. 식사에 관한 사항

    4. 안전과 보건에 관한 사항

    5. 건설물과 설비의 관리에 관한 사항

    6. 그밖에 기숙사에 기숙하는 근로자 전체에 적용될 사항

02
취업규칙

취업규칙이란 근로계약관계에 적용되는 근로조건이나 복무규율 등에 대하여 사용자가 일방적으로 작성하여 자신의 근로자들에게 공통적으로 적용하는 규칙을 의미합니다.

▶ 취업규칙은 상시 10명 이상의 근로자를 사용하는 사업 또는 사업장에 대하여 적용함. 다음은 근로시간, 휴게·휴일에 관한 사항의 적용이 배제됨.

① 토지의 경작개간, 식물의 재식(栽植) 재배·채취사업, 그 밖의 농림사업

② 동물의 사육, 수산 동식물의 채포(採捕)양식사업, 그 밖의 축산, 양잠, 수산사업

③ 감시(監視) 또는 단속적(斷續的)으로 근로에 종사하는 자로서 사용자가 고용노동부장관의 승인을 받은 사람

④ 사업의 종류에 불구하고 관리·감독업무 또는 기밀을 취급하는 업무에 종사하는 사람

▶ 취업규칙의 작성의 장소적 기준은 사업장단위로 보아야 하지

만 사업의 종류에 따라 수개의 사업장이 동질성을 가지고 있는 경우에는 두 개 이상의 사업장에서 사용하는 근로자가 10인 이상인 경우에도 작성할 의무를 짐.

▶ 취업규칙의 기재사항에는 반드시 취업규칙에서 기재하여야 할 필요적 기재사항과 그 밖에 사용자가 임의로 기재할 수 있는 임의적 기재사항으로 구분함.

▶ 필요적 기재사항은 근로기준법 제93조에서 12개 사항으로 규정하고 있고, 이와는 별개로 사용자는 법령이나 단체협약에 위반하지 않는 위배되지 않는 한 어떠한 사항도 임의적 기재사항으로 기재 가능함.

▶ 취업규칙은 다음 사항에 관해 작성하고 고용노동부장관에게 신고함.

1. 업무의 시작과 종료 시각, 휴게시간, 휴일, 휴가 및 교대 근로에 관한 사항
2. 임금의 결정·계산·지급 방법, 임금의 산정기간·지급시기 및 승급(昇給)에 관한 사항
3. 가족수당의 계산·지급 방법에 관한 사항
4. 퇴직에 관한 사항
5. 「근로자퇴직급여 보장법」 제4조에 따라 설정된 퇴직급여,

상여 및 최저임금에 관한 사항

6. 근로자의 식비, 작업 용품 등의 부담에 관한 사항

7. 근로자를 위한 교육시설에 관한 사항

8. 출산전후휴가·육아휴직 등 근로자의 모성 보호 및 일·가
   정 양립 지원에 관한 사항

9. 안전과 보건에 관한 사항

9의2. 근로자의 성별·연령 또는 신체적 조건 등의 특성에 따
   른 사업장 환경의 개선에 관한 사항

10. 업무상과 업무 외의 재해부조(災害扶助)에 관한 사항

11. 직장 내 괴롭힘의 예방 및 발생 시 조치 등에 관한 사항

12. 표창과 제재에 관한 사항

13. 그밖에 해당 사업 또는 사업장의 근로자 전체에 적용될
    사항

03
최저임금법

최저임금제란 국가가 노·사간의 임금결정과정에 개입하여 임금의 최저수준을 정하고, 사용자에게 이 수준 이상의 임금을 지급하도록 법으로 강제함으로써 저임금 근로자를 보호하는 제도입니다.

▶ 최저임금제는 근로자에 대하여 임금의 최저수준을 보장하여 근로자의 생활안정과 노동력의 질적 향상을 꾀함으로써 국민경제의 건전한 발전에 이바지하게 함을 목적으로 함.

▶ 최저임금 인상 수준을 보면 2018년에 가장 많이 높아졌다는 것을 알 수 있음(2020년 기준 시간급 8,690원 임).

연도	시간급	월급(209시간)	인상비율(%)
2016년	6,030	1,260,270	8.1
2017년	6,470	1,352,230	7.3
2018년	7,530	1,573,770	16.4
2019년	8,350	1,745,150	10.9
2020년	8,590	1,795,310	2.9

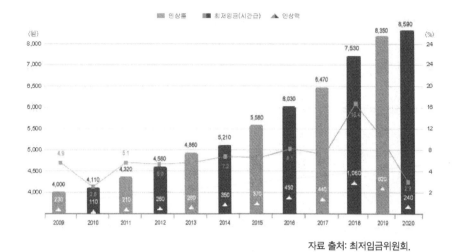

자료 출처: 최저임금위원회.

▶ 최저임금의 효력(제6조)

① 사용자는 최저임금의 적용을 받는 근로자에게 최저임금
  액 이상의 임금을 지급하여야 함.

② 사용자는 이 법에 따른 최저임금을 이유로 종전의 임금수
  준을 낮추어서는 아니 됨.

③ 최저임금의 적용을 받는 근로자와 사용자 사이의 근로계
  약 중 최저임금액에 미치지 못하는 금액을 임금으로 정한
  부분은 무효로 하며, 이 경우 무효로 된 부분은 이 법으
  로 정한 최저임금액과 동일한 임금을 지급하기로 한 것으
  로 봄.

④ 제1항과 제3항에 따른 임금에는 매월 1회 이상 정기적으

좌충우돌 **창업경영 오픈소스**

로 지급하는 임금을 산입(算入)함. 다만, 다음 각 호의 어느 하나에 해당하는 임금은 산입하지 아니함.

1. 「근로기준법」 제2조 제1항 제8호에 따른 소정(所定)근로시간 (이하 "소정근로시간") 또는 소정의 근로일에 대하여 지급하는 임금 외의 임금으로서 고용노동부령으로 정하는 임금

2. 상여금, 그밖에 이에 준하는 것으로서 고용노동부령으로 정하는 임금의 월 지급액 중 해당 연도 시간급 최저임금액을 기준으로 산정된 월 환산액의 100분의 25에 해당하는 부분

3. 식비, 숙박비, 교통비 등 근로자의 생활 보조 또는 복리후생을 위한 성질의 임금으로서 다음 각 목의 어느 하나에 해당하는 것

   가. 통화 이외의 것으로 지급하는 임금

   나. 통화로 지급하는 임금의 월 지급액 중 해당 연도 시간급 최저임금액을 기준으로 산정된 월 환산액의 100분의 7에 해당하는 부분

▶ 따라서 상여금, 현금성 복리후생비 중 해당 연도 시간급 최저임금액을 월 단위로 환산한 금액의 최저임금의 미산입 비율을 정함으로써, 이를 초과 하는 것은 최저임금으로 산입이 가능함(즉, 2020년 기준으로 매월 지급하는 상여금의 20%를 초과하

는 임금, 현금성 복리후생비의 5%를 초과하는 임금은 산입 가능).

▶ 최저임금 산입을 위한 취업규칙 변경절차의 특례(제6조의2)

사용자가 제6조 제4항에 따라 산입되는 임금에 포함시키기 위하여 1개월을 초과하는 주기로 지급하는 임금을 총액의 변동 없이 매월 지급하는 것으로 취업규칙을 변경하려는 경우에는 「근로기준법」 제94조 제1항에도 불구하고 해당 사업 또는 사업장에 근로자의 과반수로 조직된 노동조합이 있는 경우에는 그 노동조합, 근로자의 과반수로 조직된 노동조합이 없는 경우에는 근로자의 과반수의 의견을 들어야 함.

▶ 최저임금의 적용을 위한 임금의 환산(시행령)

① 근로자의 임금을 정하는 단위가 된 기간이 그 근로자에게 적용되는 최저임금액을 정할 때의 단위가 된 기간과 다른 경우에는 그 근로자에 대한 임금을 다음 각 호의 구분에 따라 시간에 대한 임금으로 환산함.

1. 일(日) 단위로 정해진 임금: 그 금액을 1일의 소정근로시간 수로 나눈 금액

2. 주(週) 단위로 정해진 임금: 그 금액을 1주의 최저임금 적용 기준 시간 수(1주 동안의 소정근로시간 수와 「근로기준법」 제55조 제1항에 따라 유급으로 처리되는 시간 수를 합산한 시간 수를

좌충우돌 **창업경영 오픈소스**

말한다)로 나눈 금액

3. 월(月) 단위로 정해진 임금: 그 금액을 1개월의 최저임금 적
   용기준 시간 수(제2호에 따른 1주의 최저임금 적용기준 시간 수
   에 1년 동안의 평균의 주의 수를 곱한 시간을 12로 나눈 시간 수
   를 말한다)로 나눈 금액

4. 시간·일·주 또는 월 외의 일정 기간을 단위로 정해진 임금:
   제1호부터 제3호까지의 규정에 준하여 산정(算定)한 금액

▶ 최저임금의 범위(시행규칙)는 다음과 같음.

  ① 「최저임금법」 제6조 제4항 제1호에서 "고용노동부령으로
     정하는 임금"이란 다음 각 호의 것을 말함.

    1. 연장근로 또는 휴일근로에 대한 임금 및 연장·야간 또는
       휴일 근로에 대한 가산임금

    2. 「근로기준법」 제60조에 따른 연차 유급휴가의 미사용 수당

    3. 유급으로 처리되는 휴일(「근로기준법」 제55조 제1항에 따른 유
       급휴일은 제외한다)에 대한 임금

    4. 그밖에 명칭에 관계없이 제1호부터 제3호까지의 규정에
       준하는 것으로 인정되는 임금

  ② 법 제6조 제4항 제2호에서 "고용노동부령으로 정하는 임
     금"이란 다음 각 호에 해당하는 것을 말함.

    1. 1개월을 초과하는 기간에 걸친 해당 사유에 따라 산정하

는 상여금, 장려가급, 능률수당 또는 근속수당

2. 1개월을 초과하는 기간의 출근성적에 따라 지급하는 정
　근수당

04
근로조건 자율개선

근로조건 자율개선 지원 사업은 사업장 스스로 법정 근로조건 준수 여부를 점검하고, 위반사항을 개선하도록 노동관계 전문가의 서비스를 지원하는 사업입니다. 상시근로자수 30인 미만의 사업장의 경우 지원을 받는 것이 바람직합니다.

▶ 신청방법 및 실시 시기(2020년 기준)

    1. 신청방법은 지방고용노동관서(근로개선지도과)로 신청함.

    2. 실시 시기는 1월~7월로 예정된 것으로 보이며 고용노동부 홈페이지의 공고를 참조하기 바람(근로조건 자율개선 지원 사업으로 검색).

▶ 근로조건 자율개선 점검표는 다음과 같음.

점검내용	점검결과
1 (근로시간)근로자의소정근로시간은휴게시간을제외하고 1주 40시간, 1일 8시간을 초과하지 않는다. (연소근로자는 1일 7시간, 1주 40시간) \<법 제50조, 제69조\> ※ 2년 이하 징역 또는 2천만 원 이하 벌금	① 소정근로시간이 1주 40시간, 1일 8시간을 초과하지 않는다. ② 소정근로시간이 1주 40시간, 1일 8시간을 초과한다.

점검내용	점검결과
2 (최저임금) 근로자에게 최저임금액(2020년 8,590원) 이상의 임금을 지급한다. <법 제6조> ※ **3년 이하 징역 또는 2천만 원 이하 벌금**	① 최저임금액 이상의 임금을 지급한다.
	② 최저임금액 미만의 임금을 지급한 경우가 있다.
3 (최저임금) 최저임금을 근로자가 쉽게 볼 수 있는 장소에 게시하거나 적당한 방법으로 근로자에게 주지시킨다. <법 제11조> ※ **100만 원 이하 과태료**	① 최저임금을 근로자에게 주지시킨다.
	② 최저임금을 근로자에게 주지시키지 않는다.
4 (서면근로계약) 근로계약 체결 시 임금의 구성항목·계산방법·지급방법·소정근로시간·휴일 및 연차유급휴가는 서면으로 명시한다. <법 제17조> ※ **500만 원 이하 벌금**	※ 모든 근로자에 대해 아래 항목을 서면으로 명시한 경우 체크 표시
	① 임금의 구성항목
	② 임금계산 방법
	③ 임금지급 방법
	④ 소정근로시간
	⑤ 휴일에 관한 사항
	⑥ 연차유급휴가
5 (서면근로계약) 사용자는 임금의 구성항목·계산방법·지급방법, 소정근로시간, 휴일, 연차유급휴가에 관한 사항이 명시된 서면을 근로자에게 교부하여야 한다. <법 제17조> ※ **500만 원 이하 벌금**	※ 2012. 1. 1. 이후 채용된 모든 근로자에게 근로계약서를 교부했는지 체크한다. ① 교부
	② 미교부
	③ 근로자의 요구에 따른 교부 ※ 단체협약 취업규칙 변경 등 대통령령으로 정하는 사유로 인해 변경되는 경우
6 (금품) 근로자가 퇴직하면 14일 이내에 임금 등 일체의 금품을 지급하며, 특별한 사정이 있는 경우 근로자와 합의하여 지급기일을 연장한다. <법 제36조> ※ **3년 이하 징역 또는 3천만 원 이하 벌금**	① 퇴직일로부터 14일 이내에 일체의 금품을 지급한다.
	② 퇴직일로부터 14일 이내에 금품을 지급하지 않는 경우가 있다.

점검내용	점검결과
7 (금품) 임금은 매월 1회 이상 일정한 날짜를 정하여 통화로 직접 그 전액을 지급한다. <법 제43조> ※ 3년 이하 징역 또는 3천만 원 이하 벌금	① 월 1회 이상 일정한 날짜를 정해, 통화로, 근로자에게 직접, 그 전액을 지급한다.
	② 월 1회 이상 정기적으로 지급하지 않거나 통화로 지급하지 않는 경우가 있다.

▶ 근로조건 자율개선 지원 사업에서 주요 노동법에 관한 안내
도 받을 수 있음.

1 최저임금

1) 2020년도부터 적용되는 최저임금 안내
2) 최근 최저임금법령 개정취지 및 주요 내용 안내
3) 최저임금 산입범위 개편 주요내용 안내
4) 최저임금법령 개정에 따른 임금구조 개편을 위한 시정기한 부여 안내
5) 수습근로자의 최저임금 적용 안내

2 노동시간 단축

1) 1주 근로시간 한도 안내
2) 주52시간 적용시기 안내
3) 특례업종 축소(26개→5개) 안내
4) 관공서 공휴일의 민간적용 시기 안내
5) 30인 미만 기업 특별연장근로 한시도입 안내

3 기초고용질서

1) 서면근로계약 안내
2) 주휴수당 안내

05
품질 관리

제조업의 경우는 생산제품의 품질관리를 위해 생산 및 품질관리가 필요합니다. 그러나 창업자는 어느 정도의 품질관리를 해야 하는지 가늠하기 어렵습니다. 따라서 신제품(NEP) 인증 현장심사 내용을 기준으로 제품의 품질관리를 점검해 보도록 하겠습니다.

▶ 신제품 인증에서 품질보증시스템은 5개 분야, 즉 ① 품질 경영, ② 자재 관리, ③ 공정 관리, ④ 제품의 품질관리, ⑤ 검사설비의 관리로 구성되며, 평가 결과 100점 만점 중 총 평점이 65점(목표) 이상일 경우 합격으로 처리함.

▶ 다음의 품질관리시스템에 의해 자체적으로 품질관리를 평가해보는 것이 필요함.

품질관리시스템 평가점수

순번	심사사항	평가 구분	배점	평점
1	품질 경영	1-1. 품질경영의 중요성 인식	10	
2	자재 관리	2-1. 자재의 적정한 품질관리	20	
3	공정 관리	3-1. 공정별 관리규정	10	
		3-2. 공정별 작업표준	10	
4	제품의 품질관리	4-1. 신제품 검사규격 규정	10	
		4-2. 제품검사 및 기록 보존	10	
		4-3. 신제품 검사규격 만족도	10	
5	검사설비의 관리	5-1. 설치장소 및 성능 유지	6	
		5-2. 시험검사 자체 보유 등	8	
		5-3. 시험검사 정밀정확도 유지	6	
합계			100	

가. 품질경영

평가구분	배점	평점
(1) 경영간부가 품질경영의 중요성을 인식하고 그 추진을 위한 경영방침을 정하고 추진하고 있는가?		
a. 품질방침, 품질목표를 달성할 수 있도록 관리담당자를 지정하여 다음의 직무를 수행하고 있는 경우 - 상품 및 가공품의 품질기준 평가 - 종업원에 품질경영에 대한 교육훈련 - 불합격품의 조치 - 해당제품의 품질검사 업무관장 등	10	
b. 'a'의 규정에 적합하나 일부 직무 수행이 미흡한 경우	5	
c. 'b'에 미흡한 경우	0	

좌충우돌 **창업경영 오픈소스**

나. 자재의 관리

평가 구분	배점	평점
(1) 자재의 적정한 품질관리를 회사 실정 및 자재의 특성에 적합하도록 관리하고 있는가?		
a. 사내표준에서 정한 자재를 사용하고 있으며, 각 자재별 검사규정에 검사방법(로트의 구성 방법, 샘플링 검사방법 및 조건, 시료채취방법, 각 검사항목별 시험방법, 로트 및 시료의 합부 판정기준, 판정방법, 합격 및 불합격 로트의 처리방법, 검사결과의 기록 보관 및 활용방법 등)과 보관이 회사 실정 및 자재의 특성에 적합하게 규정되어 있고, 자재관리자가 자재검사규정을 충분히 숙지하고 규정대로 검사하여 검사기록을 적정하게 관리하고 있는 경우	20	
b. 'a'의 규정에 적합하나 검사결과의 활용이 일부 미흡한 경우	15	
c. 'a'의 규정에 적합하나 자재운반·검사·보관 및 검사결과의 활용이 일부 미흡한 경우	10	
d. 'a'의 자재를 사용하고 있으나, 각자재별 검사규정이 일부 비합리적으로 규정되어 있어 자재운반·검사·보관 및 검사결과의 활용이 일부 미흡한 경우	5	
e. 'd'에 미흡한 경우	0	

다. 공정관리

평가 구분	배점	평점
(1) 공정별 관리규정을 회사실정에 적합하도록 설정하고 있는가?		
a. 공정별 관리규정(공정별 관리항목에 대한 관리방법, 관리주기, 관리기준, 관리결과의 해석, 관리데이터의 활용방법 등)을 회사실정에 적합하도록 규정하고 있고 이에 따라 기록·관리하고 있거나 대부분의 공정을 자동화하고 관리사항을 전산화하여 관리하고 있는 경우	10	
b. 공정별 관리규정이 회사실정에 적합하도록 규정하고 있으나 그 실시내용이 일부 미흡하거나 일부 공정을 자동화하여 관리하고 있는 경우	5	
c. 'b'에 미흡한 경우	0	
(2) 공정별 작업표준을 규정하고 작업현장에 비치·게시되어 있고 작업표준을 숙지하여 이에 따라 작업을 실시하고 있는가?		
a. 공정별 작업표준(작업내용, 작업방법, 이상발생 시 조치사항, 작업교대 시 인수인계 사항 등)을 작업현장에 비치·게시하여 작업을 실시하고 있는 경우	10	
b. 공정별 작업표준을 규정하고 있으나 그 실시내용이 일부 미흡한 경우	5	
c. 'b'에 미흡한 경우	0	

좌충우돌 **창업경영 오픈소스**

라. 제품의 품질관리

평가 구분	배점	평점
(1) 제품의 품질 및 검사방법이 신제품검사규격에서 규정된 내용에 적합하며 품질보증을 위하여 기타 필요한 사항을 합리적·구체적으로 규정하고 있는가?		
a. 제품의 품질은 항목별로 신제품검사규격을 만족하고 제품검사방법(로트의 구성방법, 샘플링 검사방법 및 조건, 시료채취 방법, 해당품목의 시험방법, 로트 및 시료의 합부 판정 기준, 불합격품 관리, 검사결과의 기록 및 데이터 활용방법 등)에 대한 내용이 제품의 특성에 맞게 합리적·구체적으로 규정하고 있는 경우	10	
b. 제품의 품질은 항목별로 신제품검사규격을 만족하고 검사방법은 'a'의 내용으로 규정하고 있으나 회사실정으로 보아 일부 항목이 합리적·구체적이지 못한 경우	5	
c. 'b'에 미흡한 경우	0	
(2) 제품의 품질 및 검사방법에 의하여 제품검사를 실시하고 있고 제품의 검사기록을 보존하고 있으며, 그 내용을 통계적으로 분석하여 품질 영체제 전반에 반영하고 있는가?		
a. 제품검사는 제품검사 방법에 따라 실시하여 그 기록을 보존하고 이를 통계적으로 분석하여 불합격 원인분석 결과에 따라 시정조치 및 재발방지 대책을 강구하는 등 품질경영체제 전반에 반영하고 있으며 원부자재 투입과 제품 생산량과의 상관성, 제품검사 기록내용에 합리성이 있는 경우	10	
b. 제품검사의 실시·기록·분석은 'a'와 같이 조치하고 있으나 그 내용 및 투입·생산 상관성 등에 있어 합리적·구체적인 면이 일부 부족한 경우	5	
c. 'b'에 미흡한 경우	0	
(3) 제품의 품질시험검사자가 품질 및 시험검사 관련 규정을 숙지하고 있으며 신제품검사규격에 따라 시험·검사할 수 있고 그 결과가 신제품검사규격의 각 항목을 만족하고 있는가?		
a. 시험검사자가 품질 및 시험검사 관련규정(신제품검사)을 숙지하고 있으며 시험기기 조작 및 시험이 가능하며, 그 결과를 기록할 수 있고 그 결과가 신제품검사규격을 만족시키면서 각 시험항목별 최근 3개월 평균치와 비교하여 볼 때 ±5%의 허용값 한계내에 있는 경우	10	
b. 시험검사자가 품질 및 시험검사 관련규정에 따라 시험할 수 있으며 그 결과가 신제품검사규격을 만족하고 있으나 각 시험항목별 최근 3개월 평균치와 비교하여 볼 때 ±5%의 허용값 한계를 벗어나고 있는 경우	5	
c. 'b'에 미흡한 경우	0	

마. 검사설비의 관리

평가 구분	배점	평점
(1) 시험검사설비의 설치장소가 적정하고 검사설비의 성능유지를 위한 관리 규정을 구체적으로 정하여 실시하고 있는가?		
a. 시험검사설비의 설치장소가 적정하며, 성능유지를 위하여 시험검사설비의 점검항목·점검주기·점검방법 등을 구체적으로 규정하고 시험검사설비관리자가 그 관리규정에 따라 점검을 실시하며, 각 시험검사설비 관리대장을 비치하는 등 관리상태가 양호한 경우	6	
b. 시험검사설비의 성능유지를 위하여 시험검사설비의 점검항목· 점검주기·점검방법 등을 규정하여 점검을 실시하고 있고, 각 시험검사설비에 대한 관리대장을 비치하고 있으나 그 실시상태가 일부 미흡한 경우	3	
c. 'b'에 미흡한 경우	0	
(2) 시험검사 설비를 자체에서 보유하고 있거나 외부기관(업체 포함)과의 사용 계약 또는 외부 공인시험성적서 활용이 허용된 설비에 대하여 시험검사 의뢰기관, 시험검사 의뢰내용, 시험검사 주기 등 외부설비 이용에 대하여 구체적으로 규정하여 실시하고 있는가?		
a. 시험검사 설비를 자체에서 보유하고 있거나 외부 기관의 사용계약 또는 외부 공인시험성적서로 대체가 허용된 설비에 대하여 시험검사 의뢰기관(계약기관), 시험검사 의뢰내용, 시험검사 주기 등 외부설비 이용에 대하여 구체적·합리적으로 규정하고 있고 그 실시상태가 양호한 경우	8	
b. 시험검사 설비를 자체에서 보유하고 있거나 외부 기관의 사용계약 또는 외부 공인시험성적서로 대체가 허용된 설비에 대하여 시험검사 의뢰기관(계약기관), 시험검사 의뢰내용, 시험검사 주기 등 외부설비 이용에 대하여 구체적·합리적으로 규정하고 있으나 실시상태가 다소 미흡한 경우	4	
c. 'b'에 미흡한 경우	0	
(3) 시험검사설비의 정밀정확도 유지를 위한 교정검사주기 등을 구체적으로 정하여 실시하고 있는가?		
a. 계측기의 사용빈도나 특성 등에 따라 회사실정에 맞는 교정검사주기를 정하고 교정검사기록을 체계적으로 관리하고 있는 경우 또는 국가표준기본법에 관한 법령에 의하여 관련분야 교정검사기관으로 지정받은 경우	6	
b. 교정검사주기 등은 정하고 있으나 그 실시상태가 일부 미흡한 경우	3	
c. 'b'에 미흡한 경우	0	

282

06
국세 유예

창업자는 법령에서 정한 국세 등을 납부하여야 합니다. 그러나 국세 완납이 쉬울 때도 있고 어려울 때도 있습니다. 특히 국세 완납이 어려울 때 국세징수 및 유예에 관한 지식이 있으면 도움이 됩니다.

가. 국세징수법 및 시행령

▶ 납세증명서의 제출(제5조)

납세자(미과세된 자를 포함한다. 이하 이 장에서 같다)는 다음 각 호의 어느 하나에 해당하는 경우에 대통령령으로 정하는 바에 따라 납세증명서를 제출하여야 함.

    1. 국가, 지방자치단체 또는 대통령령으로 정하는 정부 관리 기관으로부터 대금을 지급받을 경우

    2. 「출입국관리법」 제31조에 따른 외국인등록 또는 「재외동포의 출입국과 법적 지위에 관한 법률」 제6조에 따른 국내거소신고를 한 외국인이 체류기간 연장허가 등 대통령령으로 정하는 체류 관련 허가를 법무부장관에게 신청하는 경우

3. 내국인이 해외이주 목적으로 「해외이주법」 제6조에 따라
   외교부장관에게 해외이주신고를 하는 경우

▶ 관허사업의 제한(제7조)

① 세무서장(지방국세청장을 포함)은 납세자가 대통령령으로
   정하는 사유 없이 국세를 체납하였을 때에는 허가·인가·
   면허 및 등록과 그 갱신(이하 "허가등")이 필요한 사업의 주
   무관서에 그 납세자에 대하여 그 허가 등을 하지 아니할
   것을 요구할 수 있음.

② 세무서장은 허가등을 받아 사업을 경영하는 자가 국세를
   3회 이상 체납한 경우로서 그 체납액이 500만 원 이상일
   때에는 대통령령으로 정하는 경우를 제외하고 그 주무관
   서에 사업의 정지 또는 허가등의 취소를 요구할 수 있음.

▶ 체납자료의 제공(제7조의2)

① 세무서장은 국세징수 또는 공익(公益) 목적을 위하여 필요
   한 경우로서 「신용정보의 이용 및 보호에 관한 법률」 제2
   조 제5호에 따른 신용정보회사 또는 같은 조 제6호에 따
   른 신용정보집중기관, 그 밖에 대통령령으로 정하는 자가
   다음 각 호의 어느 하나에 해당하는 체납자의 인적사항
   및 체납액에 관한 자료(이하 "체납자료"라 한다)를 요구한 경
   우에는 이를 제공할 수 있음.

1. 체납 발생일부터 1년이 지나고 체납액이 대통령령으로 정하는 금액 이상인 자
2. 1년에 3회 이상 체납하고 체납액이 대통령령으로 정하는 금액 이상인 자

▶ 납기 시작 전의 징수유예(제15조)

① 세무서장은 납기가 시작되기 전에 납세자가 다음 각 호의 어느 하나에 해당하는 사유로 국세를 납부할 수 없다고 인정할 때에는 대통령령으로 정하는 바에 따라 납세 고지를 유예하거나 결정한 세액을 분할하여 고지할 수 있음.

1. 재해 또는 도난으로 재산에 심한 손실을 입은 경우
2. 사업에 현저한 손실을 입은 경우
3. 사업이 중대한 위기에 처한 경우
4. 납세자 또는 그 동거가족의 질병이나 중상해로 장기치료가 필요한 경우
5. 「국제조세조정에 관한 법률」에 따른 상호합의절차(이하 "상호합의절차"라 한다)가 진행 중인 경우:
6. 제1호부터 제4호까지의 사유에 준하는 사유가 있는 경우

② 납세자는 제1항에 따라 고지의 유예를 받거나 세액을 분할하여 고지받으려는 때에는 대통령령으로 정하는 바에 따라 세무서장에게 신청할 수 있음.

③ 세무서장은 제1항에 따라 납세 고지를 유예하거나 결정한

세액을 분할하여 고지하였을 때에는 즉시 납세자에게 그 사실을 통지하여야 함.

④ 제2항에 따라 고지의 유예 또는 세액의 분할 고지를 신청 받은 세무서장은 고지 예정인 국세의 납부기한의 만료일 까지 해당 납세자에게 승인 여부를 통지하여야 함.

⑤ (중략)

▶ 고지된 국세 등의 징수유예(제17조)

① 세무서장은 납세자가 납세의 고지 또는 독촉을 받은 후에 제15조 제1항 각 호의 어느 하나에 해당하는 사유로 고지 된 국세 또는 체납액을 납부기한까지 납부할 수 없다고 인정할 때에는 대통령령으로 정하는 바에 따라 납부기한 을 다시 정하여 징수를 유예할 수 있음. 다만, 상호합의절 차가 진행 중일 때에는 「국제조세조정에 관한 법률」 제24 조 제3항부터 제6항까지에서 정하는 징수유예의 특례에 따름.

② 납세자는 제1항에 따라 고지된 국세 등의 징수의 유예를 받으려는 때에는 대통령령으로 정하는 바에 따라 세무서 장에게 신청할 수 있음.

③ 세무서장은 제1항에 따라 고지된 국세 등의 징수를 유 예하였을 때에는 즉시 납세자에게 그 사실을 통지하여 야 함.

④ 제2항에 따라 징수의 유예를 신청받은 세무서장은 고지된 국세의 납부기한, 체납된 국세의 독촉기한 또는 최고기한(이하 "납부기한등")의 만료일까지 해당 납세자에게 승인 여부를 통지하여야 함.

⑤ 납세자가 납부기한등의 만료일 10일 전까지 제2항에 따른 신청을 한 경우로서 세무서장이 그 납부기한등의 만료일까지 승인 여부를 통지하지 아니하였을 때에는 그 납부기한등의 만료일에 제2항에 따른 신청을 승인한 것으로 봄.

▶ 징수유예에 관한 담보(제18조)

세무서장은 제15조 또는 제17조에 따라 징수를 유예할 때에는 그 유예에 관계되는 금액에 상당하는 납세담보의 제공을 요구할 수 있음.

▶ 고지된 국세 등의 징수유예의 효과(제19조)

① 세무서장은 고지된 국세의 납부기한이 도래하기 전에 제17조에 따라 국세 등의 징수를 유예한 경우에는 그 징수유예기간이 지날 때까지 제21조 제1항에 따른 가산금을 징수하지 아니함.

② 세무서장이 고지된 국세의 납부기한이 지난 후 제17조에 따라 체납액의 징수를 유예한 경우에는 제21조 제2항에 따른 가산금을 징수할 때 그 징수유예기간은 가산금 계

산기간에 산입(算入)하지 아니함.

③ 세무서장은 제17조에 따라 징수를 유예한 기간 중에는 그 유예한 국세 또는 체납액에 대하여 체납처분(교부청구는 제외한다)을 할 수 없음.

④ 납세자가 납세의 고지 또는 독촉을 받은 후에 「채무자 회생 및 파산에 관한 법률」 제140조에 따른 징수의 유예를 받았을 때에는 가산금 징수에 있어 제1항 및 제2항을 적용함.

⑤ 상호합의절차가 진행 중이라는 이유로 국세의 징수를 유예한 때에는 「국제조세조정에 관한 법률」 제24조 제5항에 따른 가산금에 대한 특례를 적용함.

▶ 납세증명서(시행령 제2조)

「국세징수법」(이하 "법") 제5조에 따른 납세증명서는 발급일 현재 다음 각 호의 금액을 제외하고는 다른 체납액이 없다는 사실을 증명하는 것으로 함.

1. 법 제15조부터 제17조까지의 규정에 따른 징수유예액

2. 법 제85조의2에 따른 체납처분유예액

3. 「채무자 회생 및 파산에 관한 법률」 제140조에 따른 징수유예액 또는 체납처분에 따라 압류된 재산의 환가유예에 관련된 체납액

4. 「부가가치세법」 제3조의2에 따라 신탁재산으로써 납세의무

자의 부가가치세·가산금 또는 체납처분비(이하 "부가가치세 등")를 납부할 의무(이하 "물적납세의무")가 있는 「신탁법」 제2조에 따른 수탁자(이하 "수탁자")가 그 물적납세의무와 관련하여 체납한 부가가치세 등

나. 국세기본법 및 시행령

▶ 정의(제2조 정의)

이 법에서 사용하는 용어의 뜻은 다음과 같음.

    1. "국세(國稅)"란 국가가 부과하는 조세 중 다음 각 목의 것을 말함.

        가. 소득세

        나. 법인세

        다. 상속세와 증여세

        라. 종합부동산세

        마. 부가가치세

        바. 개별소비세

        사. 교통·에너지·환경세

        아. 주세(酒稅)

        자. 인지세(印紙稅)

        차. 증권거래세

카. 교육세

타. 농어촌특별세

2. "세법(稅法)"이란 국세의 종목과 세율을 정하고 있는 법률과 「국세징수법」, 「조세특례제한법」, 「국제조세조정에 관한 법률」, 「조세범 처벌법」 및 「조세범 처벌절차법」을 말함.

3.~21. (중략)

▶ 천재 등으로 인한 기한의 연장(제6조)

① 천재지변이나 그 밖에 대통령령으로 정하는 사유로 이 법 또는 세법에서 규정하는 신고, 신청, 청구, 그 밖에 서류의 제출, 통지, 납부를 정해진 기한까지 할 수 없다고 인정하는 경우나 납세자가 기한 연장을 신청한 경우에는 관할 세무서장은 대통령령으로 정하는 바에 따라 그 기한을 연장할 수 있음.

② 제1항에 따라 납부기한을 연장하는 경우 관할 세무서장은 납부할 금액에 상당하는 담보의 제공을 요구할 수 있음. 다만, 납세자가 사업에서 심각한 손해를 입거나, 그 사업이 중대한 위기에 처한 경우로서 관할 세무서장이 그 연장한 납부기한까지 해당 국세를 납부할 수 있다고 인정하는 경우 등 대통령령으로 정하는 사유가 발생한 경우에는 그러하지 아니함.

③ 이 법 또는 세법에서 정한 납부기한 만료일 10일 전에 제1

항에 따른 납세자의 납부기한 연장 신청에 대하여 세무서
장이 신청일로부터 10일 이내에 승인여부를 통지하지 아
니한 때에는 그 10일이 되는 날에 납부기한의 연장을 승
인한 것으로 봄.

▶ 국세 징수유예의 요건을 정리하면 다음과 같음.
  ① 확정 고지된 국세이어야 함.
  ② 납부 기한 내에 징수유예 승인을 받아야 함.
  ③ 징수유예 사유에 해당되어야 함.

▶ 국세 징수유예 사유를 정리하면 다음과 같음.
  ① 재해 또는 도난으로 재산에 심한 손실을 입은 경우.
  ② 사업에 현저한 손실을 입은 경우.
  ③ 사업이 중대한 위기에 처한 경우.
  ④ 납세자 또는 그 동거가족의 질병이나 중상해로 장기치료
    가 필요한 경우.
  ⑤~⑥ (중략)

다. 납세유예 사무처리 규정

▶ 납세담보의 요구(제77조)

① 세무서장은 징수유예, 납기연장 및 체납처분유예를 승인하는 때에는 당해 조세채권 확보에 필요한 납세담보의 제공을 요구함을 원칙으로 함. 이 경우 납세담보는 납세성실도, 유예사유, 유예금액, 유예기간 등을 고려하여 세무서장이 합리적으로 정함.

② 세무서장은 다음 각 호에 해당하는 경우로서 최근 2년간 체납사실여부 등을 고려하여 조세일실의 우려가 없다고 인정되는 경우 제한적으로 납세담보의 제공을 요구하지 아니할 수 있음.

1. 유예세액 5,000만 원[생산적 중소기업 또는 장기계속사업자의 경우 1억 원, 성실납세자의 경우 5억 원, 관세청장이 선정한 아름다운 관세행정 파트너의 경우 2억 원을 한도로 유예신청 당해세목의 직전 1년간 납부세액] 이하인 경우

   가. 생산적 중소기업은 수입금액 100억 원 이하의 수출 또는 제조·광업·수산업을 주업으로 영위하는 법인 또는 개인사업자

   나. 장기계속사업자는 동일인 명의로 5년 이상 계속하여 사업을 영위한 자

   다. 성실납세자는 납세자의 날에 성실납세로 국세청장의 추천을 받아 훈·포장, 대통령·국무총리·기획재정부장관·국세청장 표창을 수상한 자(국무총리 표창 이상의

정부포상을 받은 자 중 지식경제부장관 또는 노동부장관으로부터 추천을 받아 국세청장이 성실납세자로 선정한 자를 포함함)의 경우 포상일(지식경제부장관 또는 노동부장관이 추천한 자는 국세청장이 성실납세자로 선정한 날)로부터 3년 이내, 지방국세청장·세무서장 표창 수상자(기타 노동부장관으로부터 추천받아 국세청장이 성실납세자로 선정한 자 포함)의 경우 포상일로부터 2년(기타 노동부장관으로부터 추천받은 자는 1년) 이내인 자

라. 아름다운 관세행정 파트너는 선정일로부터 2년 이내인 자

2. 세금포인트가 100점 이상인 납세자의 납세담보 제공 면제금액은 적립된 포인트×100,000원×100%로 계산한 금액과 연간 5억 원 중 작은 금액을 한도로 함.

가. 세금포인트는 일정기간동안의 소득세 납부액(원천징수되는 이자·배당소득세 및 지급명세서 제출이 면제되는 복권 당첨소득 등의 기타소득세 제외) 100,000원당 1점(고지분인 경우 0.3점)을 부여하여 국세통합시스템에 납세자별로 게시된 점수(납기연장 등을 신청시 사용가능 포인트)로 함.

나. 「국세기본법」 제6조(기한의 연장), 「국세징수법」 제15조(징수유예) 및 제17조(체납액 등의 징수유예)와 관련된 납세담보제공으로서 당해 포인트 소유자가 납부할

세금을 대상으로 하며 법인에 대한 제2차납세의무, 연대납세의무에 의한 납부와 상속세 연부연납의 경우는 제외함.

다. 세금포인트를 이용하여 납세담보 제공 면제를 받은 경우에는 납세자별 세금포인트조회(국세청 홈택스, www.hometax.go.kr)에서 사용내역을 입력하여야 함.

3. 「국세기본법 시행령」 제2조 제1항 제1호·제4호 및 제5호 기타 이에 준하는 기한연장 사유에 의하여 납기를 연장하는 경우와 일정지역의 모든 납세자에 대하여 납기를 연장하거나 징수유예를 하는 경우 납세담보의 제공을 요구하지 아니함.

4. 이미 제공받은 담보가 있거나 압류한 재산이 있는 때에는 조세채권 확보에 부족이 예상되는 금액에 대하여만 추가로 납세담보의 제공을 요구함.

▶ 따라서 창업자는 양도소득세 체납 건 등이 있는 경우 ①징수유예의 대상이 되지는 여부와 ② 담보 제공 의무 여부에 대하여는 구체적으로 세무서(또는 세무사)에 문의하는 것이 바람직할 것임.

▶ 국세 징수유예도 사실상 국세를 체납하고 있는 것이므로, 금융기관 및 보증기관에서 체납으로 간주하여 심사를 진행할

우려가 있음.

창업자는 이 책에서 기술된 법령 등 참고 문헌 및 사이트를 활용하여 창업경영을 진행하도록 합니다.

참고 문헌 및 사이트

- 법령(2020), 「국세징수법」, 기획재정부.

- 법령(2020), 「국세징수법 시행령」, 기획재정부.

- 법령(2019), 「근로기준법」, 고용노동부.

- 법령(2019), 「근로기준법 시행규칙」, 고용노동부.

- 법령(2019), 「근로감독관 집무규정」, 고용노동부.

- 법령(2012), 「근로자퇴직급여 보장법」, 고용노동부.

- 법령(2019), 「최저임금법」, 고용노동부.

- 법령(2019), 「최저임금법 시행령」, 고용노동부.

- 법령(2019), 「최저임금법 시행규칙」, 고용노동부.

- 고용노동부(http://www.moel.go.kr/)

- 국가법령정보센터(https://www.kaw.go.kr/)

- 최저임금위원회(http://minimumwage.go.kr/)

- 한국산업기술진흥협회 신제품 인증(http://www.nepmark.or.kr/)

- 한국산업기술진흥협회 신기술 인증(http://www.netmark.or.kr/)

Epilogue

    이 책은 실제 컨설팅 사례들을 기반으로 만들어졌습니다. 다만 창업자들의 사업 내용을 보호하기 위해 일반화하여 각색하였습니다. 창업경영을 하면서 산적한 과제들을 풀어나가는 실마리로 활용되었으면 합니다. 창업자들은 사실 고독합니다. 마땅히 대화를 나눌 수 있는 사람도 없습니다. 창업 초기 단계는 창업 아이템과 사업의 실현성이 많이 부족할 수 있습니다. 그러나 창업을 시도했다는 것 자체가 훗날 엄청난 지식과 경험을 축적하는 계기가 됩니다. 창업이 성공하지 못하는 것은 창업 아이디어가 부족했다기보다는 창업을 실현해 가는 과정에서 겪게 되는 다양한 경영상의 한계와 제약이 있었기 때문이라고 봅니다.

이 책의 미약한 조력이 창업경영의 실마리를 찾아가는 단초가 되었으면 합니다. 창업자들이 쉽게 핵심을 간파하도록 책의 내용을 개조식으로 기술하였습니다. 창업자들이 모든 것을 혼자서 다 해낼 수는 없습니다. 제품을 연구개발하고, 외주 생산하여 판매하는 것 자체가 엄청나게 바쁜 일상입니다. 누군가가 창업자의 생각과 행위를 지지하고 함께할 수 있으면 큰 도움이 될 것 같습니다. 창업자들에게 또 다른 창업자들은 경쟁자이자 동반자임이 틀림없습니다. 이 책이 창업자들에게 지식이 되고 지혜가 되는 동반자가 되었으면 합니다.

좌충우돌 **창업경영 오픈소스**

2020년 아카데미 시상식에서 봉준호 감독은 영화 〈기생충(Parasite)〉으로 작품상, 감독상, 각본상, 국제장편영화상까지 4개 부문의 오스카상을 받았습니다. 비영어권 영화임에도 불구하고 영어권 영화를 뛰어넘는 성과를 거둔 것입니다. 수상소감에서 그가 한 말 중 인상 깊었던 것은 "가장 개인적인 것이 가장 창의적인 것이다."라는 말을 인용한 것입니다. 창업자들도 공감하는 부분이라고 생각합니다. 수많은 사업을 창업하면서 자신만의 독창적 필살기를 살리고, 이를 실현하는 것이 창업자들의 과업이 아닌가 생각합니다. 모든 창업자는 어느 영화감독처럼 사업을 창조하는 크리에이터임이 틀림없습니다.

저자 이철우